1ª edição - Agosto de 2024

Coordenação editorial
Ronaldo A. Sperdutti

Projeto gráfico e editoração
Juliana Mollinari

Capa
Juliana Mollinari

Imagens da capa
123 RF

Assistente editorial
Ana Maria Rael Gambarini

Revisão
Alessandra Miranda de Sá
Ana Maria Rael Gambarini

Impressão
Gráfica Santa Marta

Direitos autorais reservados. É proibida a reprodução total ou parcial, de qualquer forma ou por qualquer meio, salvo com autorização da Editora. (Lei nº 9.610, de 19 de fevereiro de 1998)

Traduções somente com autorização por escrito da Editora.

© 2024 by Boa Nova Editora.

Av. Porto Ferreira, 1031 | Parque Iracema
CEP 15809-020 | Catanduva-SP
17 3531.4444

www.**petit**.com.br | petit@petit.com.br
www.**boanova**.net | boanova@boanova.net

Dados Internacionais de Catalogação na Publicação (CIP)
(Câmara Brasileira do Livro, SP, Brasil)

Carlos, Antônio (Espírito)
    À beira do caminho / do Espírito Antônio Carlos ; psicografia Vera Lúcia Marinzeck de Carvalho. -- 1. ed. -- Catanduva, SP : Petit Editora, 2024.

    ISBN 978-65-5806-063-5

    1. Espiritismo 2. Literatura espírita 3. Psicografia I. Carvalho, Vera Lúcia Marinzeck de. II. Título.

24-211331   CDD-133.93

Índices para catálogo sistemático:

1. Literatura espírita : Espiritismo   133.93

Aline Graziele Benitez - Bibliotecária - CRB-1/3129

Impresso no Brasil – Printed in Brazil
01-08-24-5.000

Prezado(a) leitor(a),

Caso encontre neste livro alguma parte que acredita que vai interessar ou mesmo ajudar outras pessoas e decida distribuí-la por meio da internet ou outro meio, nunca deixe de mencionar a fonte, pois assim estará preservando os direitos do autor e, consequentemente, contribuindo para uma ótima divulgação do livro.

PSICOGRAFIA
VERA LÚCIA MARINZECK DE CARVALHO

DO ESPÍRITO
ANTÔNIO CARLOS

À BEIRA DO CAMINHO

SUMÁRIO

CAPÍTULO 1 - A ENCHENTE 7

CAPÍTULO 2 - OS CINCO 21

CAPÍTULO 3 - CONVERSAS 33

CAPÍTULO 4 - O MOÇO E A MOÇA 43

CAPÍTULO 5 - O HOMEM E A MÃE 57

CAPÍTULO 6 - DECISÕES 71

CAPÍTULO 7 - A PARTIDA 83

CAPÍTULO 8 - O DESENCARNADO 99

CAPÍTULO 9 - COMO FICARAM 113

CAPÍTULO 10 - SEBASTIÃO E IZEQUIEL 125

CAPÍTULO 11 - ISADORA 139

CAPÍTULO 12 - MUDANÇAS 151

CAPÍTULO 13 - EMÍLIA, A MILA 167

CAPÍTULO 14 - GENILSON 183

CAPÍTULO 15 - O SOCORRO 197

CAPÍTULO 1

A ENCHENTE

Mila estava no barco, olhava preocupadíssima o rio que estava enchendo cada vez mais.

— Será que não tem perigo continuar essa viagem? O rio está tão cheio! — Mila perguntou a um homem que trabalhava no barco.

O trabalhador, sem paciência, talvez por ter respondido à mesma pergunta várias vezes, resmungou mal-humorado:

— Não, senhora, não tem. Por que, sabendo que estava chovendo, a senhora pegou o barco para viajar? Que ficasse em casa... Mas não se preocupe, tudo está sob controle.

Mila estava com medo; sem querer, apertou a mão da filha, que reclamou:

— Ai, mamãe! Não aperte minha mão!

Mila afrouxou, mas não soltou a mão da filha.

Havia entrado no barco sabendo que chovia e com previsão de mais chuva. A viagem seria de cinco horas, porém já havia sido avisada de que, pelo fato de a embarcação ir a favor da correnteza, demoraria menos tempo. Ela, de tanto ler o roteiro do que tinha de fazer, o sabia de cor.

— Meu Deus! Esta chuva que não para! — resmungou Mila.

O barco chacoalhava. Estavam, como muitos outros passageiros, sentadas em cadeiras de plástico que estavam pregadas no piso. O barco tinha dois pisos e ela estava no superior. Era coberto e, pelas janelas, via a chuva que ora afinava, ora engrossava, e, pelo que ouvia, o rio estava enchendo muito rapidamente.

Um casal de idosos que estavam sentados perto levantou-se, aproximou-se dela e tentou acalmá-la:

— Senhora — disse o senhor —, pelo visto é a primeira vez que viaja de barco. Não se preocupe, o rio está enchendo, mas, como não está ventando, não tem ondas altas. O perigo são as ondas. O rio é mais perigoso para a navegação durante a seca, por causa dos bancos de areia no fundo. Nós dois viajamos sempre. Não se preocupe.

— Obrigada por me informar — Mila agradeceu. — Será que irei demorar para descer? É no posto quarenta e seis.

— Estamos no quarenta e três — informou o senhor. — Está com tudo arrumado? Talvez cheguemos onde deve descer em trinta ou quarenta minutos, eles anunciam cinco minutos antes. Quando escutar o anúncio, deve ficar perto da escada e, quando parar, descer rápido.

— Penso que tudo está certo — disse Mila. — Comprei capas de chuva, guarda-chuva, sacos plásticos e já os coloquei na mala e na mochila.

— Então está tudo pronto. Cuidado ao descer e, ao andar, espere o barco parar, parece que a margem está alagada — aconselhou a senhora.

Mila os agradeceu e o casal voltou para os seus lugares. Mila, a Emília, verificou novamente se tudo estava em ordem. Olhou a mala, colocara nela dois sacos plásticos de lixo e outro na mochila. Comprou duas capas de chuva transparentes; vestiu uma na filha, e outra, nela; colocou sacos nos pés, e o moço que os vendera passou fita isolante para que não saíssem do lugar.

— Assim — informou o vendedor — não se molharão, porque a chuva não passará logo; pela previsão, vai chover muito ainda.

Mila olhou para a filha, que estava distraída olhando as pessoas por uma das janelas. A menina tinha seis anos e era linda, pelo menos para a mãe coruja.

Giovana, a filhinha, comia a bolacha que a mãe comprara no bar antes de entrarem no barco.

Atenta, nervosa, logo após pararem no posto quarenta e cinco, ela colocou a mochila nas costas da filha. Ao escutar o anúncio da parada quarenta e seis, se dirigiu rapidamente para a escada; outras pessoas desceram, talvez umas seis. Passou por uma rampa de madeira que ainda não estava alagada e se defrontou com uma construção de madeira que estava erguida, uma palafita, onde estava um bar e se vendiam as passagens. Mila não olhou para ninguém, somente prestava atenção onde pisava; com uma mão carregava a mala e com a outra segurava a mão da filha.

Quando chegou ao bar, olhou em volta, pensou que, talvez pela chuva, Serafim fosse esperá-la na chegada do barco. Não o viu e parou no bar, que, embora molhado, não estava alagado. Comprou sanduíches, comeram e, embora chovesse

À Beira do Caminho - 9

muito, Mila precisava ir, tinha decorado o trajeto: teria que ir pela estrada de terra, andar por uns quarenta minutos e encontrar uma casinha do lado esquerdo; deveria passar e seguir por mais uns trinta minutos até a ponte, uma passarela; era lá que Serafim a esperaria, dissera que a ponte era somente para pedestres, por isso ele ficaria do outro lado, porque iria de camionete.

Ela tinha que carregar a mala, que estava pesada, porque estava embrulhada com os sacos de lixo para não molhar, então teria que esquecer as rodinhas; depois, pelo que vira, a estrada estava com muita lama. E a chuva não passava.

— O rio — Mila escutou um homem comentar, mostrando uma estaca com medidas —, em dias normais, chega até ali; na seca, até mais abaixo; com esta chuva, subiu já uns quatro metros.

Mãe e filha acabaram de comer e Mila decidiu ir.

"Não posso ficar aqui, são doze horas, meio-dia, tenho de ir enquanto está claro."

— Gi, preste atenção, temos de ir andando.

— Com esta chuva, mamãe? Não dá para esperar parar de chover?

— A chuva parece que não irá passar. Vamos, filha — Mila a chamava muito de "filha" —, você deve, com uma mão, segurar o guarda-chuva e, com a outra, meu cinto ou minha blusa. Tenha cuidado para não cair. Certo?

Mila, com uma mão, seguraria o guarda-chuva e, com a outra, levaria a mala.

— Se a senhora for pela estrada, deve ir pela beirada, pelo capim, porque na estrada há muita lama e as poças d'água podem ser buracos fundos; pela beirada preste atenção para não escorregar.

O dono do bar a aconselhou. Ali era também ponto de venda de bilhetes do barco e restaurante; naquele momento, havia umas dez pessoas, elas aguardavam o próximo barco.

Mila o agradeceu e foi para a estrada, logo nos primeiros passos viu que a caminhada seria difícil.

"Começo a me arrepender de ter me aventurado nesta viagem. Tomara que valha a pena!"

Com cuidado, as duas, olhando bem por onde pisavam, onde colocavam os pés, foram caminhando. Giovana escorregou por duas vezes e estava choramingando. Mila, com a mala pesada, revezava as mãos, ora uma segurava o guarda-chuva, ora a mala.

"Uma hora de caminhada; da forma como estamos andando, levará duas horas", pensou Mila lastimando.

Viu a casinha. Mila e a menina atravessaram a estrada e ficaram em frente à casa. Da estrada até a casa dava uns vinte metros.

— Vamos lá! — decidiu Mila. — Talvez alguém nos informe como está a estrada.

— Tudo bem! — concordou Giovana.

A casa tinha à frente uma pequena varanda coberta, o local estava molhado, mas não alagado. A porta estava aberta, mas somente um vão. Mila colocou a mala e o guarda-chuva no chão.

— Ô de casa! — Mila falou em tom alto e bateu palmas.

Nada.

"Será que não tem ninguém? Está parecendo."

— Fique aqui, Gi. Vou olhar.

Mila entrou e voltou logo. Giovana estava assustada.

— É melhor irmos e logo! — ordenou Mila.

— Mamãe, não estou gostando daqui, não vejo ninguém — reclamou a menina.

Voltaram para a margem da estrada pelo capim que, embora escorregasse, não tinha lama e foram andando. A chuva não parava, mas naquele momento afinava.

Caminhando devagar, atentas a onde pisavam, seguiram por uns quarenta minutos. Mila escutou barulho d'água e esse barulho foi aumentando conforme foram se aproximando do riozinho.

De repente viram o rio, que não era pequeno como Serafim descrevera, mas enorme e com correnteza forte. Mãe e filha pararam, e Mila olhou apavorada.

"Como atravessar? Não vejo a ponte que Serafim afirmou ter, ou seja, uma passarela."

Via a estrada acabar com as águas barrentas, barulhentas do rio, mas viu que, do outro lado, na continuação da estrada, havia dois pilares ou estacas.

— Ali deve estar a ponte, que está submersa ou foi levada pelas águas e nada mais resta dela. O que vamos fazer? — perguntou mais para si mesma.

— Volte!

— Voltamos!

Mila se assustou e viu que o "volte" fora de um homem e o "voltamos" fora de sua filhinha.

— Não quero entrar na água suja! — reclamou Giovana.

— Senhora — aconselhou o homem —, não pode passar. Passei aqui faz três horas e a ponte já estava imersa nas águas, mas ainda era vista, agora não se vê mais, a água subiu muito. Fui ao ponto dos barcos, mas estes pararam. Ia voltar, mas está muito perigoso atravessar, não estou vendo a ponte e não tem como saber se ela ainda existe.

O homem falou, virou e foi andando pela estrada. Mila olhou para o outro lado do rio, não viu ninguém.

"Serafim não deve ter vindo me buscar com esta chuva, talvez tenha pensado que não consegui pegar o barco e que fiquei naquela cidade. Não está me esperando e não tem como, com essa correnteza, passar, nem sozinha e muito menos com Giovana. Devo voltar. Mas para onde? Talvez perto do bar haja alguma pousada. Estou com pouco dinheiro. Aqui, olhando o rio, é que não posso ficar."

— Vamos voltar — determinou Mila.

— Ainda bem! Estou com medo e cansada, não quero mais andar — queixou-se a menina.

Giovana estava de fato cansada, Emília também, a mala parecia ainda mais pesada, e a filhinha resmungava e choramingava.

— Mamãe, não quero mais andar. Estou cansada! Por favor!

— Não podemos parar, filhinha. Não podemos! Mamãe não tem como pegá-la. Por favor, se esforce mais um pouquinho.

Ao avistar a casinha, Mila resolveu parar e pedir abrigo. Pelo menos por uma hora, somente para descansar. Com o tempo fechado e chovendo, parecia que logo escureceria.

Entraram na varanda. Mila colocou a mala no chão e fechou o guarda-chuva. Bateu palmas e pediu:

— Por favor, alguém pode me ajudar?

— Entre!

A porta abriu e Mila se defrontou com uma moça alta, clara, cabelos curtos, musculosa, que explicou:

— A casa não é minha. Mas pelo jeito os donos não estão. Estou com esse moço abrigada aqui. Antes de entrar, tirem as capas, pendurem-nas ali e tirem também os calçados se estes estiverem molhados. A casa é mínima e, se entrarem molhadas, molham o chão, que está seco. Não podemos ficar com o chão molhado.

Mila fez o que a moça sugerira, tirou os sacos plásticos dos pés e, por incrível que parecesse, os calçados estavam secos. Entrou.

— Estou cansada, e minha filhinha, mais ainda — contou Mila.

— Sente-se aqui. — A moça mostrou uma cadeira. — Querem água?

Mila olhou o moço, ele estava calado, parecia aborrecido e, quando se viu observado, ensaiou um sorriso. Ele estava molhado e sem camisa. A moça pegou um copo, tirou água de um pote e deu para Mila, que serviu primeiro a filha e depois tomou.

— Molhei-me demais — explicou o moço —, torci a camisa e a coloquei perto do fogão para secar, torci também a calça e estou com ela molhada. Que chuva!

— Vocês sabem de quem é esta casa? — perguntou Mila.

— Não faço ideia — respondeu a moça. — A porta estava aberta e entrei após ninguém ter respondido meu apelo de ajuda. Eu cheguei quase ao mesmo tempo que esse moço, nós dois entramos juntos. Estamos esperando a chuva parar.

— Ou o tempo melhorar e as águas abaixarem — disse o moço.

— Zé Di! Zé Di! — ouviram de um homem que apontou a cabeça na porta. Mila o reconheceu, era o homem que encontrara na estrada, onde deveria estar a ponte.

— Não tem ninguém na casa, ou seja, os donos não estão. Estamos aqui abrigados — a moça tentou explicar. — Se quiser entrar, deixe seu guarda-chuva, capa e botas, tudo o que está molhado, aí na varanda para não molhar a casa, que está seca.

O homem o fez, aceitou a água oferecida e indagou:

— Vocês não viram o Zé Di? Ele é o dono da casa.

— Não vimos — respondeu a moça.

— Chove muito! — exclamou o homem.

Todos concordaram.

— Eu estou pensando em ir ao ponto dos barcos. Vocês sabem se lá há onde pernoitar? — perguntou Mila.

— Nem pense nisso — advertiu o moço. — O pessoal de lá não é confiável. A senhora e a menina... pode ser perigoso. Estou vindo de lá e me informaram que a estalagem está lotada; se as águas do rio continuarem subindo, talvez inundem a pousada, que fica atrás do posto uns dez metros.

Mila aconchegou mais a filhinha no colo e sentiu medo.

— Não se assuste, mãe — pediu o homem. — De fato, escutei reclamações de pessoas que disseram ter tido objetos sumidos lá. A pousada é pequena, tem dez quartos e, quando ocorre algo que faz os barcos pararem, fica lotada e eles abusam no preço. É melhor ficar aqui.

— Estou pensando no que pode nos acontecer aqui — preocupou-se a moça. — E se o dono não nos aceitar? Ele pode voltar, afinal a casa é dele, e nos expulsar.

— Isso pode acontecer, mas por enquanto é melhor ficarmos aqui. Logo que minha camisa secar, eu a visto — disse o moço.

— O senhor conhece o dono da casa? O chamou na porta — indagou Mila.

— Sim, conheço — respondeu o homem —, ele é uma pessoa solitária, mora sozinho. Estranho não encontrá-lo em casa com esta chuva e com inundações.

— Talvez tenha viajado — observou a moça. — O fato é que deixou a porta aberta. Pelo menos eu que cheguei primeiro encontrei a porta somente encostada.

À Beira do Caminho - 15

— Talvez não a tenha fechado por ter ido aqui perto e a enchente do rio não o deixou retornar — concluiu o moço.

— A casa consiste nisso que está vendo — mostrou a moça para Mila —: a varanda; este cômodo, que pode ser sala; separada somente por essa miniparede baixa, está a cozinha; tem outra porta; e outra varanda, que tem um tanque, um varal e a latrina.

— Banheiro? — perguntou Mila.

— Um vaso sanitário de antigamente — informou a moça.

— Preciso ir — pediu Emília.

— Então venha, mãe, e traga a filha, levo vocês — ofereceu-se a moça.

Mila levantou e olhou para o local, a moça realmente descrevera o lugar. Na sala havia seis cadeiras e uma mesa pequena medindo talvez um metro por oitenta centímetros; a miniparede era uma repartição de uns dois metros de comprimento por um metro de altura que separava a sala da cozinha; e, para passar de um cômodo ao outro, um vão de uns oitenta centímetros. Ao passar pela cozinha, Mila viu que havia duas prateleiras, uma com utensílios domésticos, panelas, pratos, talheres, e outra com alimentos. A porta da cozinha era como a da frente, de tábuas de madeira. As três passaram pela porta e viram uma outra varanda, que estava molhada, e nela havia, como a moça descrevera, um tanque com um esguicho e, do lado esquerdo da varanda, outra porta.

— É aqui a latrina. Você conhece uma latrina? — indagou a moça a Mila.

— Não conheço — respondeu Mila.

— É melhor não se assustar — preveniu a moça.

Abriu a porta e sentiram um cheiro desagradável. Era um cômodo pequeno, onde tinha somente um vaso sanitário; em cima do vaso, estava o papel higiênico pendurado num arame.

— Passe o papel na borda do vaso, coloque a menina, espero aqui em frente à porta, e não a feche, não cabem duas pessoas aí dentro — comentou a moça.

Foi o que Mila fez, e, após, ambas, mãe e filha, foram ao tanque para lavar as mãos. Ao passar pela cozinha viram frutas no armário.

— Vamos pegá-las para comer e antes lavá-las no tanque — decidiu a moça.

Assim o fizeram, as três voltaram à sala e sentaram nas cadeiras.

— Pegue para você, menina — ofereceu a moça —, as frutas que quer comer. O restante, vamos dividir. A chuva não passa e agora voltou a engrossar. O tempo está péssimo e estamos ilhados. O melhor é ficarmos aqui e passarmos a noite. Não dá para irmos a lugar nenhum. Não tem como seguir pela estrada para ir à cidade, pois não sabemos se a ponte ainda existe ou se está embaixo d'água, e a correnteza do rio está muito forte; se esse rio era pequeno, agora está enorme. Voltarmos ao posto do barco, não dá; segundo o moço, os barcos pararam, e a pousada está lotada e preste a inundar. Devemos ficar aqui, pelo menos eu ficarei.

— Estou acostumado a ficar em locais ruins — informou o moço —, aqui pelo menos não chove e não tem como inundar por não estar perto dos rios. Penso que é melhor ficarmos aqui. Eu ia pegar o barco, agora terei de esperar. Se o dono da casa, esse Zé Di, retornar, pedirei a ele para pernoitar, e quem puder pague pela hospedagem. É uma emergência, ele com certeza entenderá.

— Eu e minha filhinha, não encontro outra alternativa, ficaremos. Será que a inundação irá durar por dias? — Mila quis saber.

— Primeiro terá de parar de chover para terminar essa enchente — esclareceu o homem —, não somente aqui, mas também onde correm os rios. De fato, pelo rio da pontinha, que é uma passagem de pedestres, não passam veículos, está encoberta. O rio é raso e até pode-se atravessá-lo andando por entre as pedras, os veículos atravessam por ele. O riozão, este está muito cheio, mas não apresenta perigo se não ventar forte, ele enche e volta ao normal sem causar transtornos. Para os barcos pararem é porque se ultrapassou o limite da enchente, e os navegantes temem.

— O senhor é daqui? Mora aqui perto? — perguntou a moça.

— Aqui perto, não — respondeu o homem —, mas venho para estes lados, não com frequência, mas venho e conheço todos os moradores da região. Seguindo pela estrada, atravessando a ponte, por uns minutos de caminhada, está a cidadezinha. Moro num sítio perto dela, conheço bem a região e também o Zé Di, o José Diogo, o dono deste pedaço de terra, deste sítio, ele mora aqui sozinho. Ele é sistemático, talvez ache ruim nossa invasão, mas somos cinco e ele não terá como nos expulsar se ficarmos unidos.

— Vi na cozinha — mostrou a moça — alimentos, podemos fazer uma sopa para nos alimentarmos. Pegou as frutas, menina? Ótimo! Vamos repartir: duas mangas pra você, duas...

Todos ganharam frutas e comeram.

— E aquela porta? — mostrou Mila. — O que tem ali?

— Deve ser o quarto — concluiu a moça. — Não entramos por respeito. Visitas não devem entrar sem serem convidadas na casa alheia. Entramos. Foi uma emergência. Mas o quarto é privativo.

— Por que não podemos entrar? — o moço quis dar sua opinião. — O senhor dono da casa, o senhor Zé Di, não está e não vamos mexer em nada. Porém eu poderia, emprestado, colocar uma roupa dele seca. A minha camisa está secando, talvez nem seque, e eu estou com a calça molhada. À noite esfria.

— Vamos fazer uma votação — sugeriu a moça. — Quem acha que devemos entrar no quarto do dono da casa levante a mão.

Todos levantaram, até a menina.

— Já que invadimos a casa do Zé Di — opinou o homem —, o podemos fazer também no quarto. Pelo jeito, teremos de passar a noite aqui e, se não quisermos passar fome, teremos de fazer comida. Eu posso pagar pelo que pegarmos. O que não podemos é sair daqui nesta chuva, nesta enchente e não termos onde passar a noite.

— Sendo assim, vamos entrar nesse cômodo, nós três — determinou a moça.

Ela apontou para o homem e para o moço, que levantaram e, juntos, empurraram a porta, que não estava trancada; os três também exclamaram juntos:

— Meu Deus! — gritou o moço.

— Valei-me, minha Nossa Senhora! — clamou a moça.

— Por Deus! O que é isso? — o homem se admirou.

CAPÍTULO 2

OS CINCO

O homem fechou a porta; a moça foi até a mãe e a filha, fez sinal para Mila ir ver e foi brincar com a menina.

— Que boneca linda! Como ela se chama? Ela chora?

Na mochila de Giovana, Mila havia colocado uma boneca e um ursinho de pelúcia, com os quais a menina, no momento, estava brincando.

A mãe se levantou, estava assustada pela expressão dos outros. O homem abriu a porta para ela olhar e Mila então viu um corpo deitado na cama sujo de sangue. O homem entrou no quarto, Mila e o moço ficaram olhando pelo vão da porta. O homem observou bem o corpo, colocou a mão no braço dele, depois no rosto, examinou, depois voltou para a porta e a fechou.

— É o Zé Di — informou o homem. — Reconheci, e está morto. Devemos nos acautelar para não assustar sua filha, a menina deve ser poupada. Temos que decidir o que fazer.

— Ele foi assassinado? — perguntou o moço.

— Com certeza. Cortaram a veia do pescoço dele — explicou o homem.

— Mãe, o que é "assassinado"? — a menina quis saber.

— É uma brincadeira — respondeu a mãe.

— Aquela que diz "morto" e "vivo"? — a menina queria entender.

— Sim, é. — A mãe foi lacônica.

— Cante com ela, mãe — pediu o homem. — Vamos resolver nós três o que fazer.

Mila aproximou-se da filha e se pôs a cantar uma canção para a boneca dormir. Mas escutou os três cochichando:

— É melhor, moço, prestar atenção no que fala — recomendou o homem. — A menina não pode ver isso. Alguém o matou e não temos como chamar a polícia.

— Não dá para ficar com o morto aí — opinou a moça. — Pelo que o senhor falou e pelo que escutei no barco, as águas somente abaixarão quando parar de chover, e a chuva não para, agora engrossou novamente. Realmente não tem como chamar a polícia nem como ela vir aqui. Se o cadáver ficar dias aí, irá feder. Não quero ficar num lugar, dormir, comer com um defunto.

— Nem eu! — exclamou o moço.

— O que sugere, moça? — perguntou o homem.

— Será melhor o senhor, homem, que é o mais velho, opinar e decidir. O que o senhor sugere?

— De fato não há como nenhum de nós sair daqui; a lama na estrada aumenta; passar pelo riozinho, que agora está grande, é impossível, se a correnteza levar uma pessoa é morte na certa. Ir para o ponto do barco não parece boa ideia, não teremos onde nos abrigar. Temos de ficar, tomara que não seja por muitos dias. Será muito desagradável tê-lo por companhia.

Mãe e filha continuaram cantando.

— Durma, bonequinha! Durma! Mamãe quer descansar.

— Pense logo e decida! — a moça pediu ao homem. — Logo será noite e estamos com fome.

— Atrás da casa, a uns trinta metros, tem um cômodo de despejo. Penso que Zé Di guarda suas ferramentas lá. Podemos levar o corpo e deixá-lo lá. Vamos, o moço e eu, ao cômodo para ver o local e pensar em como acomodar o corpo; após, vamos voltar aqui e levá-lo. Para passar com ele pela casa e a criança não ver, mãe e filha devem ir ao banheiro. A mãe deve ver o que há no armário, vamos reacender o fogo e ela fará algo para jantarmos.

O homem pegou sua capa, que estava na varanda da frente, e o moço colocou sua camisa, que ainda estava molhada, e saíram. A mãe puxou a filha pela mão e foram para a cozinha. Ela mesma colocou lenha no fogão e o fogo ficou forte; pôs água para ferver. A moça ajudou a descascar as batatas e a cortá-las.

— Temos macarrão, batata, cenoura, cebola, temperos, faremos uma sopa — decidiu a mãe.

Os dois retornaram e o homem contou o que vira:

— É um cômodo mínimo: tem lenha, que trouxemos, e vamos colocá-la perto do fogão. Lá tem também ferramentas num caixão grande, cabe uma pessoa dentro de onde estão as ferramentas, podemos tirá-las e colocar a pessoa do quarto. Vamos levá-lo!

Os dois ficaram na varanda porque estavam molhados.

— Homem, tire a capa, o seu sapato — determinou a moça — e venha comigo, vamos embrulhar o corpo na colcha que está suja de sangue e levar para o cômodo. Eu vou junto.

A moça foi à varanda da frente, pegou sua capa, colocou seu tênis, ela estava descalça, e foi com o homem ao quarto.

— Quando eu disser "já", mãe, vá ao banheiro com sua filha.

Mila ficou aguardando; com o "já" da moça, foi à latrina; quando escutou que saíram, ela voltou à cozinha e pediu para a filha descascar uma batata, a menina gostava muito de ajudar a mãe. Mila foi ao quarto. Olhou tudo, viu que embrulharam o corpo na colcha que era de retalhos. Ela, rápida, abriu o roupeiro, um antigo guarda-roupa de duas portas. Viu algumas roupas penduradas e abriu as gavetas, havia quatro: na primeira estavam roupas íntimas; na segunda roupas velhas; na terceira uma sacola de tecido. Ela a pegou e abriu; admirada, viu quatro maços de dinheiro, notas de valor alto e, abaixo, uns papéis; Mila deu somente uma olhada e viu que eram títulos de uma empresa conhecida. Pegou a sacola e abriu a última gaveta; nesta, havia revistas. Fechou o armário e saiu rápido do quarto, abriu sua mala e colocou a sacola entre as roupas, fechou a mala e o cadeado. Voltou à cozinha e descascou o mais depressa que conseguiu os legumes. Pensou:

"Era do morto, que com certeza não irá precisar mais. Eu preciso! Peguei num impulso e está pegado."

Os três chegaram, ficaram na varanda, tiraram os calçados molhados e com lama, e as capas. O moço estava muito molhado. O homem trouxe mais lenha, colocou perto do fogão e determinou:

— Tem lenha cortada naquele cômodo, trouxe mais um pouco. É melhor deixar o fogo do fogão sempre aceso.

— Senhor — pediu o moço —, será que não posso vestir uma roupa do morto? Estou somente com esta, e ela está ensopada. Vestindo uma dele, fico seco.

— Não sei por que pede para mim — reclamou o homem —, mas, se quer minha opinião, Zé Di não precisará mais dela, não é bom você ficar molhado tendo roupas secas. Pode pegar. Mãe — pediu o homem a Mila —, vá ao quarto, por favor, e veja se tem alguma toalha; se encontrar, traga-a aqui para nos enxugar e para o moço, depois de tirar sua roupa molhada, se enrolar para ir ao quarto vestir uma roupa seca.

Os três se lavaram, principalmente as mãos, no tanque; Mila foi ao quarto, encontrou toalhas e trouxe uma; eles se enxugaram, o moço tirou a roupa molhada, se enrolou e foi para o quarto.

Mila voltou a cortar os legumes. A moça depois foi ajudá-la.

— Pelo que escutei, todos estão famintos, então farei a panela cheia.

O fogo estava alto, logo a sopa estaria pronta.

O homem pegou outra roupa dele, que estava na mochila, se trocou e colocou a roupa molhada atrás do fogão para secar. O moço estava no quarto. A moça explicou a Mila:

— Foi bom eu ir. Raciocinei. Tiramos as ferramentas do caixão de madeira e colocamos o corpo do defunto dentro. Vi cal e coloquei no caixão, embaixo e em cima do corpo. Fechei o caixão com pregos e o deixamos num vão da parede, ficará lá até decidirmos o que fazer.

— Ai, meu Deus! — exclamou Mila.

— Meu Deus digo eu! Triste! Deplorável! — reclamou a moça.

A sopa ficou pronta. Antes, Mila lavou todos os talheres e pratos. Colocou sopa para a filha, o tanto que sabia que ela comeria, se serviu e todos o fizeram. Elogiaram, a sopa ficara gostosa. Puderam repetir, e o moço comeu muito.

O moço estava agora confortável, com roupas secas e limpas, calçou até um sapato. As duas mulheres lavaram as louças, o que tinha de ser feito no tanque. Após, sentaram-se na sala.

— Vamos nos organizar — pediu o homem —, temos que passar a noite aqui. Vi que na cama do Zé Di há dois colchões, um em cima do outro. O de baixo está limpo, podemos colocá-lo aqui na sala, nesse canto, para mãe e filha dormirem. Vi um cobertor que pode ser colocado no chão para a moça dormir. Eu deito deste lado no chão e o moço pode também deitar aqui.

— Eu? Vou dormir no quarto — determinou o moço. — Viro o colchão de lado e dormirei na cama do defunto. Se todos concordarem, é claro.

— Pode. Você não se importa de dormir naquele lugar? — a moça se interessou em saber.

— Claro que não, já dormi em lugares piores — falou o moço.

— Vamos então ver o que tem no quarto — sugeriu o homem.

— Eu já vi — contou o moço. — Tem poucas coisas, fui pegar roupa.

Foram os três, os dois homens e a moça, Mila ficou sentada perto da filha.

Logo voltaram, e o homem informou e mostrou:

— Tem um rádio de pilha! Sempre que chove forte, a transmissão de rádio para. Vou ligá-lo e ver se está funcionando.

O homem ligou o rádio e, de fato, não estava transmitindo nada.

— Vamos deixá-lo aqui — decidiu o homem. — Quando parar de chover com certeza poderemos ligá-lo e então saberemos as notícias da região.

O homem, em seguida, trouxe o colchão e determinou:

— Vamos agora colocar a mesa e as cadeiras empilhadas na cozinha, devemos deixar uma passagem para ir ao banheiro.

Levaram a mesa e as cadeiras para a cozinha. Colocaram o colchão no chão. A moça pôs um lençol limpo em cima. Ao lado do colchão, colocou o cobertor dobrado.

— Você, mãe, durma aqui no colchão com sua filha — disse a moça. — O lençol está limpo; para travesseiro, a menina pode usar seu ursinho, e, você, pegue para encostar a cabeça uma roupa sua. Todos nós devemos dormir com a roupa que estamos. A lamparina que o homem acendeu deve ficar pendurada aqui, somente devemos pegá-la se precisarmos ir à latrina. Eu fico aqui perto do colchão, o homem dormirá ali, pegamos para ele este outro lençol e uma toalha.

— É o que temos. Todos concordam? — perguntou o homem.

— Sim, concordo — afirmou Mila.

A menina sentou-se no colchão, estava brincando com a boneca e com o ursinho.

— Ela é sempre assim quietinha? — a moça se interessou em saber.

— Sim, mas penso que está cansada — explicou a mãe. — Todos nós estamos.

— O fato — concluiu o homem — é que estamos aqui ilhados numa casa alheia e com um morto.

— Estamos nós cinco enrascados! — deduziu a moça.

— Sim, penso que sim — concordou o homem.

— Cinco! — exclamou o moço. — Porém penso que isso não significa nada. Alguém fez o serviço antes de estarmos aqui.

— É difícil — observou a moça. — Quando o encontramos não fazia muito tempo que ele havia morrido. Lembro-os de que o fogo do fogão estava aceso.

À Beira do Caminho - 27

— O que está insinuando? Que foi um de nós? — perguntou o moço.

— Não estou insinuando nada. Somente penso que estamos enrascados — respondeu a moça.

— O melhor é você, mãe, levar a menina ao banheiro, ela está sonolenta — observou o homem.

Mila o fez e depois acomodou a filha no colchão.

— Não sei o nome de ninguém — disse o moço.

— É melhor que seja assim — deduziu o homem. — Diante das circunstâncias, é melhor não saber o nome de ninguém. Eu serei o homem; você, o moço; ela, a moça; e as duas, mãe e filha.

Mila virou para a filha e explicou:

— Vamos fazer uma brincadeira legal. Ninguém pode dizer seu nome. No final teremos de adivinhar o nome de cada um. Quem adivinhar ganha o jogo. Entendeu, filha? Não pode dizer o seu nome nem o meu.

— Entendi. Sou boa em jogo, com certeza irei ganhar — afirmou a menina.

A garotinha deitou-se no canto encostada na mureta, colocou seu ursinho como travesseiro, Mila pegou uma calça comprida dela para também fazer de travesseiro. Continuaram os quatro sentados onde iam dormir, o moço ficou de pé. A menina orou em voz alta e todos acompanharam, ela logo dormiu.

— Viajamos o dia todo, levantamos cedo — explicou a mãe.

— Agora que a menina dormiu — disse o homem —, o melhor mesmo é não saber o nome de ninguém. Penso que estamos enrolados. De fato somos cinco, mas há um morto que tudo indica que foi assassinado. Cortaram a veia de seu pescoço. A faca estava perto do corpo e a deixamos com ele. Fizemos o que era certo. Não temos como sair daqui com tanta chuva e com as enchentes dos rios. Nesse acidente devem ter morrido algumas pessoas. O importante agora é que nos respeitemos, que tentemos ficar do melhor modo possível aqui e evitemos que a menina saiba, é muito novinha para esse problema. Não é somente a menina que está cansada, todos nós estamos. Vamos à latrina, depois deitaremos e tentaremos dormir.

— Você está certo, homem — opinou o moço e contou: — Vi o galinheiro aberto, as galinhas estão soltas, pode haver ovos; tem no pomar algumas frutas e, na horta, legumes e verduras; também há pés de milho, que estão verdes e bons para comer. Amanhã visto uma roupa velha do dono da casa e pego comida para nós. Dormirei no quarto, virei o colchão e tem travesseiro. O melhor é realmente nos respeitarmos e tentarmos dormir e descansar.

Foram ao banheiro e fecharam bem as portas e as duas janelas, uma da sala e a outra do quarto. O homem colocou cadeiras escorando as portas, deixou fraca a luz da lamparina e a colocou com certeza como costumava ficar.

Todos deitaram.

— Pode se tranquilizar — disse a moça em tom baixinho para Mila —, eu cuido de vocês duas.

Mila ficou sem saber se o que a moça dissera era bom ou não.

— Boa noite! — os quatro desejaram.

Ficaram em silêncio, então se ouvia mais a chuva, que continuava como fora o dia todo, engrossava e afinava. Mila orou pedindo proteção.

"Eu aqui com um assassino! Valei-me, meu Deus!"

E, disfarçadamente, observou os companheiros. O homem devia ter uns quarenta e poucos anos, era de estatura mediana, branco, bronzeado por trabalhar no sol, tinha as mãos calejadas. Achou-o com expressão honesta, uma pessoa boa, e que sofria. Olhou depois para a moça que estava ao seu lado: ela era alta, devia ter quase um metro e oitenta, tinha os cabelos muito curtos, era forte, tinha modos indelicados, mas parecia ser honesta e sofrida. Embora não estivesse vendo o moço, Mila o analisou: é outro que sofre, pelo menos é o que sinto; ele é claro, cabelos castanhos como os olhos, parece que não tem muita educação. Infelizmente um deles pode ser assassino. Não posso esquecer que alguém aqui matou o dono da casa. Motivo? Deve ter.

O homem também analisou os companheiros da casa:

"O moço é estranho. Por que está aqui? Ele é diferente. Será que o vejo assim ou ele é mesmo diferente? É melhor ficar atento a ele. Tem modos estranhos, porém o sinto magoado. Sinto quando alguém está magoado. Será que é porque eu estou? A moça tem modos muito masculinos, não parece mulher, é alta, forte e ao mesmo tempo preocupa-se com os outros. A filha é uma garotinha linda, meiga, muito comportada, boazinha, é parda, talvez o pai seja branco. A mãe é preta e tem um sorriso lindo, embora sorria pouco, é de estatura mediana, peso normal e parece ser trabalhadeira."

O moço não analisou ninguém, procurou não pensar em nada e dormir, estava com muitos problemas para reparar em outras pessoas.

A moça, sim, tentou entender os companheiros que ali estavam com ela. Concluiu:

"O homem deve ser uma pessoa honesta, o elegemos por líder, talvez por ser mais velho. Ele está magoado, deve ter ocorrido com ele algo grave. O moço tem um segredo que não deve ser algo bom. Ele precisa se cuidar, tratar seus dentes, tem uma falha na frente e tem marcas, cicatrizes de ferimentos. É simpático! A mãe parece ser a mais desorientada, uma pessoa que não sabe o que fazer. É preta, uma mulher bonita, ela não deveria pintar os cabelos nem alisá-los, são tão bonitos cabelos volumosos! Talvez por alisá-los os tenha descorado e ela então os tingiu de preto. É curto, muito curto o cabelo da filha; se o deixasse crescer, ficaria lindo com cachos; também precisam ambas, mãe e filha, tratar os dentes. Mas alguém foi assassinado! Será que estou com um assassino? Não quero pensar nisso!"

O barulho cadenciado da chuva no telhado e o cansaço os fizeram dormir.

Pareceu que haviam combinado, acordaram todos juntos, levantaram-se e a menina pediu:

— Mamãe, estou com fome e quero ir ao banheiro. Será que posso tomar banho?

— Penso que banho, não — respondeu a mãe.

Mila levou a filha à latrina. A moça tirou o colchão, o cobertor, tudo o que colocaram no chão e os colocou em cima da cama no quarto. O homem reacendeu o fogo, colocou água para ferver e determinou:

— Temos café, o faremos e comeremos com as bolachas.

— Eu — decidiu o moço — colocarei uma roupa velha que está no roupeiro e somente eu, isto para não molhar mais ninguém, irei à horta, pegarei espigas de milho para cozinhar e comer. Irei ver o que tem por aqui, nesse espaço.

Mila foi para a cozinha e fez o café, que ficou saboroso. Encontrou uma lata, pela metade, de leite em pó. Decidiram que o leite seria somente para a garotinha, para a filha.

O moço, após ter tomado o café, foi para a horta e trouxe vários legumes, verduras; ele trazia e alguém os pegava na varanda, trouxe muitas espigas de milho; pegou mais lenha e contou:

À Beira do Caminho - 31

— O galinheiro está aberto, vi milho debulhado numa lata lá naquele cômodo, joguei milho no galinheiro, tratarei dos bichinhos, porém soltos eles encontrarão muito o que comer. Agora vou tentar achar ovos.

Foi andando pela área em volta da casa e encontrou vários ovos, depois conseguiu pegar um frango, o matou, limpou, então se lavou no tanque e colocou a roupa seca com a qual estava antes. Todos o agradeceram e ele se alegrou.

Brincaram com a menina, cozinharam o milho, comeram. Mila, com a ajuda da moça, fez para o almoço um tanto que seria suficiente também para o jantar.

A chuva continuou, porém mais fina.

Almoçaram arroz, feijão, salada e frango com legumes. Após o almoço ficaram na sala.

CAPÍTULO 3

CONVERSAS

Sentaram-se nas cadeiras e ficaram atentos à chuva, que afinava e estava engrossando menos. A moça deu para a menina umas folhas em branco, canetinhas e ficou desenhando com ela.

— É melhor conversar, assim o tempo passa mais rápido — sugeriu o moço.

— Vamos contar o que viemos fazer aqui, ou seja, o que íamos fazer para estarmos aqui. Eu direi o que ia fazer para estar aqui na casa do finado Zé Di, e vocês fazem o mesmo. Concordam? — perguntou o homem.

— Eu — contou o moço — tinha ido a uma cidade que fica perto dessa que está logo após o riozinho, que virou, com a enchente, um riozão. Tinha ido ver meus familiares e irmãos, meus pais morreram. Não deu certo a visita e estava voltando, atravessei o rio pela passarela, senti medo, as águas estavam com muita força, e a correnteza, forte; fui ao porto das balsas, ou seja, a parada dos barcos, e soube que elas tinham parado de fazer as viagens. Andei por ali, fui à pousada, entendi que não havia lugar para me abrigar. Lembrei que vira uma casinha na estrada e resolvi voltar e pedir abrigo; estava, como vocês viram, molhado e com fome. Aqui encontrei a moça; logo após, chegaram a mãe e a filha, e depois, o homem.

— Você foi visitar sua família e não levou nenhuma troca de roupa? — perguntou a moça.

— Foi isso — respondeu o moço. E indagou: — E você, moça, o que veio fazer por estes lados?

— Vim como técnica de vôlei — contou a moça. — É isso. Teria de descer do barco neste ponto, ir à cidadezinha, lá pegar um ônibus e ir para uma outra cidade, onde fui contratada pelo prefeito para ensinar jovens a jogar vôlei e treinar times masculinos e femininos. Estava indo, desci do barco, vi a mãe e a filha descerem. Caminhei pela estrada enlameada, pois a chuva não parava. Ao chegar na ponte observei bem e vi que não tinha condição de atravessar, resolvi voltar, ia para o ponto do barco, mas vi esta casa e resolvi pedir abrigo. Chegamos praticamente juntos, o moço e eu, encontramo-nos na varanda, ele torcia a camisa, penso que já o tinha feito com sua calça. Batemos palmas, nada, a porta estava aberta e entramos, logo vocês chegaram.

— Eu fui à ponte — Mila quis entender —, vi o homem, e ele voltou na minha frente. Mas não me encontrei com você, moça, nem indo nem voltando. Se foi na minha frente, voltou também. Não era para termos nos encontrado?

— Fui pela estrada — explicou a moça — até a ponte e voltei caminhando pelo campo, quis evitar a lama. Também não vi você nem ninguém, estava atenta a onde pisava. E você, homem — a moça deu por encerrada sua explicação e perguntou a ele: —, o que está fazendo por estes lados com tanta chuva?

— Sabia que ia chover, mas não tanto, esta chuvarada pegou todos de surpresa — respondeu o homem explicando. — Moro perto da cidadezinha, ia a outra cidade, que fica do outro lado do rio, pegaria o barco, ou a balsa, como muitos por aqui chamam essa embarcação. Quando passei pelo riozinho, ele já estava alto, mas ainda não encobria a pontezinha, ou a passagem, a passarela de pedestres. Fui ao posto, ou ao ponto, e soube que as balsas estavam com seu tráfego suspenso até a chuva parar e o rio abaixar um pouco. Afirmaram que quando retornassem o tráfego avisariam pelo rádio e uma sirene seria acionada para todos ouvirem. Isso de fato acontece. Tenho prestado atenção e não ouvi.

— O senhor não falou o que ia fazer — lembrou a moça.

— Ia a uma cidade do outro lado do rio resolver um assunto, por isso estou somente com uma mochila — esclareceu o homem.

— O senhor mora por aqui? Conhecia o dono da casa. Ele tem família, filhos ou alguém? — Mila quis saber.

— Conhecia o Zé Di, o José Diogo, todos por aqui o conhecem de vista, ele costuma ir à cidade, esta próxima após o riozinho, comprar coisas e levar outras para vender. Penso que não tem amigos, ele sempre foi uma pessoa estranha. Conversava pouco, não tem família, comentam que ele veio de longe, há algum tempo. Penso que ele deve ter quarenta anos. Zé Di comprou estas terras, que estão irregulares, ou seja, não tem dono, não há escritura. Vivia sozinho, eu nunca soube que tivera alguém aqui com ele, que namorara ou algo assim. Com certeza Zé Di não tem ninguém.

— Ah! — Mila suspirou aliviada. Todos olharam para ela, que justificou: — Assim ninguém sofrerá com a morte dele.

— Tem razão — concordou a moça. Lembrou à mãe: — Falta você, mãe. O que uma mulher com uma filha pequena veio fazer neste fim de mundo, ou seja, neste lugar?

— Eu — Mila hesitou, mas acabou por contar — vim de mais longe, viajei de ônibus por seis horas. Dormi num hotel numa cidade, depois peguei o barco. Assustei-me com a chuva e mais com os comentários das pessoas no barco. Não vi a moça, que afirmou ter me visto. Penso que foi por estar tensa, prestando atenção na minha filha. É a única que tenho. Comprei no barco sacos plásticos, que coloquei na mala, na mochila e nos nossos pés, comprei as capas e os guarda-chuvas, custaram caro. Estou com um mapa, havia decorado aonde deveria ir: seguir pela estrada, passar por uma casa à esquerda, continuar andando até encontrar a ponte sobre o riozinho. Foi difícil caminhar; a mala, por estar com os sacos para não molhar, não pude arrastar, empurrar com as rodinhas, também com certeza não conseguiria usar as rodinhas pela muita lama. Viemos caminhando devagar. Senti muito medo, porém não vi outra alternativa senão seguir em frente. Uma pessoa me esperaria do outro lado da ponte. Passei em frente desta casinha e resolvi perguntar se de fato estava no caminho certo. Da varanda bati palmas e gritei, vi a porta uns dois dedos aberta, dei uma espiada, não vi ninguém e segui em frente. Minha filha estava cansada. Como vocês estão vendo, ela é muito boazinha, mas reclamava de cansaço e tínhamos de caminhar com cuidado para não escorregar, fomos pela beira da estrada, que tem capim, mas estava escorregadio. Apavorei-me quando vi a violência das águas do rio, que encobriu a passarela. Olhei bem e não vi a pessoa que ia me esperar do outro lado.

— Então eu a vi... — interrompeu o homem.

— Foi — prosseguiu a mãe a contar. — O homem me aconselhou a voltar, foi o que fiz. Ao ver de novo esta casinha, resolvi pedir abrigo, pelo menos por algumas horas, porque eu estava cansada demais levando a mala pesada, e minha filha estava cansada também. Encontrei vocês aqui e espero que a chuva pare.

— Você não contou por que viajou tanto — observou o moço. — Afinal, o que veio fazer por aqui? Aonde estava indo? Passaria pelo riozinho, e depois?

— Ia me encontrar com um homem — respondeu Mila. — Há tempos estou sozinha, minha vida é difícil. Conheci esse homem, ele me pareceu ser boa pessoa. Deu-me dinheiro para vir e eu vim.

— Mãe sem juízo! — criticou a moça. — Conheceu um homem e veio atrás dele, e neste fim do mundo?!

— Você não deve criticar — retrucou o moço. — Está também neste fim do mundo por um emprego que nem sabe se de fato existe.

— Quem é essa pessoa com quem ia se encontrar? — o homem, curioso, quis saber.

— Serafim... — Mila falou o nome completo.

— O quê?! Valei-me, Deus! O quê?! — o homem se espantou.

— Credo! Por que esse espanto? Você o conhece? — perguntou a moça.

— Sim. — O homem foi lacônico.

A menina dormiu nos braços da moça. O moço foi ao quarto, pegou o colchão e desocupou o canto; ele colocou o colchão, o lençol, e a moça acomodou a menina, que dormia tranquilamente. Os quatro se agruparam bem perto, colocaram as

À Beira do Caminho - 37

cadeiras encostadas. Mila também se assustou com a reação do homem e pediu:

— Homem, por favor, me explique sua reação. Por que seu espanto? Eu somente me envolvi com um homem, e nosso relacionamento não deu certo, mas tive minha filha; depois tive uns dois namorados sem importância. Conheci Serafim numa padaria quando fui comprar pães, conversamos, ele foi respeitador, educado, saímos todos os dias enquanto ele estava na cidade. Ele conheceu minha filha e a agradou. Afirmou ser solteiro, morar sozinho num sítio, me convidou, depois insistiu para vir ficar com ele. Serafim teve de voltar e eu aceitei vir depois, planejamos e acabei vindo. De fato, na minha cabeça, não pensei que fosse tão longe nem que era assim difícil de chegar.

— Você veio na época errada — interrompeu o homem. — Sem tanta chuva, o lugar é bonito, é uma zona rural com cidadezinhas como qualquer outro lugar.

— Tem escolas por aqui? — Mila quis saber. — Quero que minha filha estude.

— Temos, sim — informou —, o primário, os quatro anos. Há um miniônibus que transporta alunos da zona rural para a cidade.

— Mas por que se assustou quando escutou o nome de Serafim? Ainda não contou — lembrou a moça.

— É melhor você, mãe, saber — o homem resolveu contar. — Serafim tem, perto da cidade, um sítio. Não é meu vizinho, mas por aqui os sítios são próximos, e todos se conhecem. Ele é honesto, trabalha no sítio dele. A casa dele é um pouco melhor que esta, talvez um pouco maior, mas, como todas por esta região, não tem esgoto, água encanada nem eletricidade. Penso, mãe, que você com certeza sentirá a falta desses itens com que está acostumada, nem conhecia uma latrina. De fato, soubemos que Serafim viajara, disse ter ido visitar uma tia. Ele tem por aqui duas irmãs, mas não são unidos. Espantei-me porque Serafim é velho para você, e depois ele não para com nenhuma mulher; de fato, penso que é solteiro, não tem filhos. Ele leva para a casa dele uma mulher e logo, penso que a que ficou mais foi por dois anos, elas vão embora.

— Credo! — expressou o moço. — O que há de errado com esse sujeito?

— Comentam — o homem continuou a contar — que ele é nojento, sujo, não gosta de banhos; que faz a mulher trabalhar muito e não dá dinheiro, e não as deixa comprar nada para elas. Uma prima de minha esposa, que era viúva, morou com ele quatro meses; ela se queixou muito para minha mulher de que ele é de fato sujo e que quer mais uma empregada. Por favor, mãe, pense bem. Não estou mentindo.

— O homem fala a verdade — opinou a moça. — Mãe, pense na sua garota. Eu gostei muito dela. Como pode levá-la para morar num lugar parecido com esta casa em que estamos? Ele falou para você como era a casa dele?

— Não, eu não perguntei. — Mila foi sincera. — Não pensei que existissem lugares que ainda não têm eletricidade, água encanada...

— Pois por aqui a maioria das casas é assim: latrina do lado de fora, pegar água em cisternas, luz de lamparinas — informou o homem. — E a casa de Serafim é suja. Claro que você pode limpá-la. Mas é isso o que quer? Você o ama?

— Eu não! — Mila esclareceu falando rápido.

— Volte para onde veio, mãe. Você tem dinheiro para voltar? — o homem quis saber.

— Tenho — respondeu Mila.

À Beira do Caminho - 39

— Você, mãe, está indecisa, não sabe se vai ou se volta — deduziu a moça. — Peço-lhe para escutar o homem. Ele não tem por que mentir. Morar num lugar parecido com este será difícil.

Ficaram por instantes calados. Foi o moço quem terminou com o silêncio.

— A chuva parece estar parando, e a menina, acordando. Não devemos esquecer que temos um problemão. O cadáver! Penso que quem o matou foi alguém que veio aqui antes de nós; quando chegamos, a pessoa já tinha ido embora.

— Também não devemos nos esquecer — observou a moça — de que, quando o achamos, não fazia muito tempo que ele morrera, o corpo não estava gelado. Não queria me envolver num escândalo; se isso ocorrer, não serei mais técnica nem professora.

— Talvez, de nós todos, eu seja o mais prejudicado — o moço suspirou. — Mas eu não matei ninguém. Homem, estou lembrando que escutei que esse Zé Di foi suspeito de um crime. Você sabe algo sobre esse assunto?

A menina acordou, a mãe a pegou, e o moço colocou o colchão no quarto.

— Responda, homem: o que sabe sobre isso? Fale! — pediu a moça.

— Nada ficou provado nem foi investigado — lembrou o homem. Comentou: — Anos atrás, penso que seja talvez quatro anos, havia, na cidade vizinha, esta perto, um grupo de jovens, rapazes, que estavam sempre fazendo arruaças, dizem que eles gostavam de ofender o Zé Di. Numa manhã, o corpo de um deles foi encontrado morto, com uma facada no pescoço. Os amigos dele disseram que ele falara que ia atormentar o Zé Di. José Diogo foi indagado, ele afirmou que não vira o jovem.

O caso ficou por isso mesmo. Aqui dificilmente se investigam crimes.

— Então pode ter sido alguém da família desse rapaz que se vingou! — desejou o moço.

— Pode ser, mas depois de tantos anos? — questionou o homem.

— Vingança se espera — argumentou o moço.

— Moço — observou a moça —, você parece querer encontrar uma saída para a situação que estamos passando. Tem medo?

— Tenho! — expressou ele. Resolveu explicar: — A corda arrebenta do lado mais fraco.

— Você não parece ser o mais fraco — deduziu a moça.

— Pareço e devo ser — repetiu o moço. — Não quero ser acusado de algo que não cometi. Agora não é melhor fazer o jantar?

As duas mulheres foram para a cozinha. O homem abriu a porta da varanda do fundo.

— Estou vendo, observando o céu, as nuvens... parece que irá parar de chover. Aconselho-os de que ninguém abra a porta da frente. Podemos ser vistos por alguém da estrada. Por isso vamos tirar as capas, os guarda-chuvas, tudo o que é nosso e que está na varanda da frente e deixar a porta trancada. Penso que, parando de chover, a estrada tenha movimento de pessoas indo e voltando. É melhor que ninguém nos veja. Não sabemos quem é quem aqui dentro e temos um cadáver.

— Não precisa ficar lembrando — pediu a moça. — Ainda é cedo para fazer o jantar, que está fácil. O melhor é cozinhar milho e comer.

— Oba! Quero milho! — falou a menina.

À Beira do Caminho - 41

Assim o fizeram, comeram e depois ficaram sem saber o que fazer. As mulheres esquentaram água, se limparam com água quente e um pedaço de toalha, trocaram de roupa. Após, fizeram o jantar: misturaram ovos mexidos e um resto de arroz, desfiaram o frango, cortaram os legumes, fizeram salada. Jantaram. Primeiro colocaram comida para a menina, repartiram igualmente. Puderam repetir e ainda sobrou um pouco, que o moço comeu e justificou:

— Já passei muita fome. Sou grato por estar comendo.

Fecharam bem a casa. A chuva parou. A menina e a moça voltaram a desenhar e o moço falou:

— Estou com vontade de conversar. Queria desabafar. Contar a vocês, que me são desconhecidos e ao mesmo tempo conhecidos, minha vida. Posso?

Um olhou para o outro, concordaram com o olhar. O moço começou a contar:

CAPÍTULO 4

O MOÇO E A MOÇA

— Estava preso! — exclamou o moço.

Todos o olharam, Mila aproximou-se mais da filha. O moço tratou logo de suavizar o mal-estar reinante.

— Não sou um assassino! Fui preso injustamente, mas nem tanto. Não matei ninguém!

A menina continuava desenhando.

— Conte, moço — pediu o homem. — Conte sua história de vida.

— Sou de uma cidade um pouco maior que essa aqui perto e não muito longe dela. Meus pais eram sitiantes, tiveram oito filhos. Penso que eu e um outro irmão fomos, e eu ainda sou, julgados como ovelhas ruins da família. Esse outro irmão era briguento e, numa briga, foi assassinado. Meus pais sofreram, ele era mais velho que eu. Éramos três mulheres e cinco homens, os outros seis eram corretos, honestos, talvez agora pense que nem tanto, mas são trabalhadores, casaram-se jovens; uma das minhas irmãs foi para o convento ser freira, uma outra se casou e foi morar numa cidade longe. Os três irmãos e uma irmã ainda moram nessa cidade. Eu, com sinceridade, sempre dei muitas preocupações para os meus pais. Estava sempre escutando que ia morrer como meu irmão. Primeiro, não estudava, ia pouco à escola, sabia ler e escrever, e isso para mim era o suficiente. Fumava muito e estava sempre me embriagando. Namorava muito, porém moças honestas não queriam nada comigo. Não quis trabalhar no sítio, fui para a cidade e mudava muito de emprego, era dispensado. Meus irmãos tentavam me orientar, mas eu não escutava. Meu pai faleceu, senti, ele era uma boa pessoa e se preocupava comigo. Como não tinha quem tomasse conta do sítio, meus irmãos o arrendaram, eles moravam na cidade e trabalhavam. Mamãe recebia o dinheiro, ela às vezes me dava, mas escondido. Eu não me preocupava com nada e farreava. Então, sempre na vida tem um "então", conheci uma morena linda. Ela se interessou por mim e veio atrás mesmo. Ela morava numa casinha na periferia, que era feia por fora, mas havia muito conforto por dentro e se vestia bem, com roupas caras. Não desconfiei. Pensei que, por ela ser bonita, devia ter amantes ricos. Vaidoso, pensei com certeza que ela estava apaixonada por mim. Por um tempo até me comportei, trabalhava num bar à noite e a exibia com um troféu. Eu com uma linda mulher! Não era ciumento, sabia que ela andava por ali, saía às vezes com amigas, enquanto eu trabalhava. Chegava do trabalho normalmente de madrugada, ela dormia comigo, acordávamos tarde, fazíamos algo para comer.

Para mim tudo estava perfeito. Eu a amei! Oito meses se passaram. Numa noite aconteceu uma coisa diferente, a mãe do dono do bar faleceu e ele não abriu; cheguei no bar, soube e então voltei para casa. Fui andando distraído, mas, antes de abrir a porta de casa, escutei conversas, era a voz dela e de um homem. Parei para ouvir, fiquei num local onde não seria visto. Escutei horrorizado a conversa. Eles me chamavam de "otário", o bobo que ia ser tachado de "culpado" se não desse certo o que eles estavam fazendo. Resumindo: os dois tinham que arrumar uma pessoa para ser culpada se algo desse errado, e eu fora o escolhido, o bobo. Fiquei paralisado com o que escutara. Não sabia o que fazer, resolvi sair dali e, andando, me afastei. Concluí que o outro homem devia ser perigoso, um bandidão, e eu não sabia do que ia ser culpado. Mas eles estavam preparados, talvez estivessem para ser descobertos. Temi. Pior que não tinha a quem recorrer, minha mãe estava morando com um dos meus irmãos, e eu estava proibido de ir lá. Ao passar por uma avenida, vi três viaturas com policiais passando, e um homem comentou com outro, eles estavam à minha frente: "Os policiais estão à procura de traficantes, estão vindo para o bairro dos Macacos". Estremeci, era onde morava. Fiquei sem saber o que fazer. Resolvi me esconder, ir para o sítio em que morávamos, não para a sede, mas para um esconderijo, um lugar em que nós, crianças, costumávamos brincar. Fui e passei a noite. Pela manhã saí desse lugar, era um buraco, um vão entre bambuzais. Estava com fome e sede, vi dois homens carpindo e conversando, não os conhecia, deviam trabalhar no sítio. Arrastando-me, me aproximei e escutei: "A polícia está atrás de um dos filhos do finado dono do sítio. Ele é traficante! Escondia drogas na casa da namorada e ela não sabia. Um horror!

Ele está sendo caçado". Os dois deixaram os embornais, sacolas de tecido em que traziam água e almoço, embaixo de uma árvore, eu peguei um e voltei para o meu esconderijo. Comi, bebi, pensei no que estava acontecendo comigo e concluí que pegar o embornal de um dos trabalhadores fora uma má ideia, mas não sabia para onde ir. Também concluí que aquela mulher me escolhera para ser, se precisasse, a pessoa que levaria a culpa por ela e pelo amante. Caí na armadilha deles. No outro dia, acordei com os policiais que me prenderam. Fui acusado de traficar, e nada aconteceu com a moça e com aquele homem. Na cadeia, levei muitas surras, fui torturado para contar de quem comprava as drogas e para quem vendia. Eu não sabia; se soubesse, tinha contado. Falei, repetia o que sabia, mas nem o nome do homem eu sabia. Minha família me ignorou na prisão.

O moço fez uma pausa e chorou. Levantou, pegou um pedaço de papel higiênico, enxugou o rosto, tomou água e retornou à sua narrativa:

— Desculpem-me! Lembrar de tudo me dói. Foi horrível, tremia quando eles me tiravam da cela para as sessões de tortura. Fiquei muito machucado. Resolveram me levar para uma penitenciária. Fui julgado e condenado a cinco anos. Essa penitenciária fica longe da cidade em que morei. Fiquei preso por três anos, onze meses e dezesseis dias. Foi algo muito ruim, um período de dores. Ser preso sem ter regalias é pior. Regalias são coisas que se pode ter lá dentro, a família paga para os chefões para que o preso seja protegido e também para ter a estadia encarcerada sem tantos dissabores. Nem advogado minha família pagou, somente um tio me escrevia e, numa dessas cartas, ele contou que minha mãe morrera e que todos da família me culpavam. Fazia dois anos que estava preso quando meu tio escreveu que a moça que morava comigo e que me acusara fora presa, que o amante dela reagira à prisão, fora baleado, ficara deficiente, andava com muita dificuldade e que ambos estavam presos. Mas, mesmo presos, não me inocentaram. Venceu minha pena, saí da prisão com a roupa do corpo e com os meus documentos e trabalhei de servente numa construção para ter dinheiro para vir para a cidade em que minha família mora. Se minha mãe falecera, eu tinha direito à herança, meus pais tinham o sítio e três casas na cidade. Trabalhei somente dois dias e vim para cá. Que decepção! Meu tio, aquele que me escrevia, havia morrido, e nenhum irmão quis me receber, escutei muitas ofensas e que eles não iam me dar nada, nem um prato de comida, que eu não tinha direito a nada, que eles haviam dividido tudo com nossa mãe viva e que era para eu ir embora, senão eles chamariam a polícia e diriam que eu os estava importunando e ameaçando. Triste, voltei, pensei em trabalhar uns dias no ponto para comprar passagem e ir a uma cidade onde estão construindo muito prédios e onde, com certeza, arrumaria emprego. Passei pelo rio com ele já cheio, fui ao ponto, à parada das balsas, e elas estavam suspensas. Pedi, implorei para fazer algum trabalho, não consegui; lembrei que vira uma casinha e pensei em vir pedir abrigo e trabalho. Cheguei junto com a moça. Sinto-me aliviado por ter contado. Temo, sim, sinto medo desta situação. Aqui, deparamo-nos com um cadáver; com certeza eu, como ex-presidiário, sou o lado mais fraco da corda, mas juro a vocês que nunca matei ninguém e não tirei a vida desse senhor.

— Você odiou ou odeia aquela mulher e o homem que o traíram? — perguntou a moça.

— No começo, sim, senti raiva deles, principalmente quando estava sendo torturado, cheguei a odiar; também tive esse sentimento na prisão porque lá sofri muito. Depois passou, principalmente quando soube que os dois foram presos. Sabe — o moço voltou a chorar —, nunca mais quero ser preso, nunca mais! Saí da prisão antes porque estudei, frequentei aulas dadas por professores voluntários, fui fazer parte de um grupo religioso, agora sei bastante, por ter de fato estudado e lido muitos livros. Quero trabalhar, ser honesto, frequentar os cultos, e nada de álcool, cigarro, nenhum vício.

— Você entendeu a atitude de sua família? — perguntou a mãe.

— Sim — respondeu o moço. — Embora esperasse que eles, ou um deles, me apoiassem, me dessem trabalho, confiassem em mim. Porém fiz a fama. Minha mãe dizia que quem faz o nome está feito, seja para o bem ou para o mal. Eu fiz a fama de mau. Prometi, enquanto retornava, andando pela estrada, nunca mais procurá-los. A família acabou. Por isso disse que eu era inocente, mas nem tanto. Inocente porque não trafiquei, não desconfiei que estava sendo usado até aquela noite eu voltar mais cedo, mas eu era um cara ruim, farrista, que me embriagava, fumava, às vezes usava tóxicos e tinha más companhias. Fiz meus pais sofrerem. Talvez, com minha prisão, eu os tenha envergonhado. Eles não sabiam que eu não tinha nada a ver com o tráfico. Penso que eles não me quiseram por perto com receio de eu dar problemas e também por não quererem me dar nada de herança; talvez pensem que eu usaria para o mal o que fora de nossos pais, pois eles conseguiram com muito trabalho. Quero entendê-los, justificá-los e esquecê-los.

Calaram-se por minutos.

— Mamãe — a menina interrompeu o silêncio —, quero tomar meu leite e ir ao banheiro, estou com sono.

Mila se levantou, foi à cozinha, o fogo do fogão continuava aceso, então esquentou o leite.

— Vamos fazer um café? — a moça opinou.

A menina tomou o leite, e eles, o café. O homem trouxe o colchão, e Mila acomodou a filha. Foram ao banheiro, depois sentaram-se nas cadeiras perto uns dos outros. Logo a menina dormiu.

— Moço — disse a moça —, admiro você por não ter ficado com ódio dos dois que o traíram. Algo parecido aconteceu comigo, e estou muito zangada, irada por isso.

— Contar minha história a vocês me fez bem — afirmou o moço. — Desabafei, coloquei para fora algo preso dentro de mim. De fato isso ocorreu, não sinto mágoa, raiva de ninguém e me esforcei para compreender e reconhecer meus erros. Temos a tendência de colocar a culpa nos outros, isto é mais fácil do que reconhecer os nossos erros. Se eu tivesse atendido os rogos de meus pais, até dos meus irmãos, e agido com honestidade, não teria me envolvido com aquela mulher; se não fosse vaidoso, teria raciocinado e entendido que aquela linda mulher não teria por que se envolver comigo, um pobre e sem instrução. Depois, devia ter percebido que a casa dela por dentro era luxuosa. Com certeza eu procurei os acontecimentos. Mas passou. A religião, orar, perdoar para ser perdoado me ajudaram. Agora, moça, conte para nós o que lhe aconteceu para estar tão amarga assim. Talvez você, como eu, ao desabafar, se sinta melhor, se livre do que a atormenta.

— Será? Não será cansativo escutar outro desabafo? — a moça falou olhando para os companheiros.

— Não! — responderam os três juntos.

— Conte, moça, será bom conversarmos — pediu o homem.

A moça se ajeitou na cadeira e contou:

— Eu, desde pequena, gostava de brincar com os meninos e os tratava como iguais. Não gostava das brincadeiras das meninas e por isso recebia castigos, não podia brincar, muitas vezes ficava olhando os garotos jogarem bola e queria estar com eles. Minha mãe nos enfeitava, minha irmã e eu; minha irmã gostava e se exibia com os vestidos, laços, mas eu não. Não queria ser mulher, mas homem. Foi um conflito: surras, castigos, conversas, tratamentos, penso que meus pais tentaram de tudo, então passaram a se envergonhar de mim; eles, meu irmão e irmã não queriam sair comigo e, de modo maldoso, era chamada de "homenzinho". Tentaram a religião, isso me revoltou, me indagava: "Por que Deus não me fez homem?". Nada adiantou. Tornei-me rebelde e nada delicada, cortava meus cabelos bem curtos, não usava maquiagem. Sofria e quis fazê-los sofrer. Eles eram a causa do meu sofrimento, concluí naquela época, penso agora que erroneamente. Estava no terceiro ano do ginasial, assim se chamava naquela época, quando quis estudar numa cidade maior. Não tinha amigos na escola, já tinha brigado muito, eu não ofendia ninguém, mas reagia quando ofendida e às vezes com violência. Meus pais concordaram, mesmo eu sendo muito jovem, que eu fosse morar sozinha. Pensei, e isso ocorreu, que eles, minha família, queriam se livrar de mim, dos problemas que causava a eles. De fato era rebelde e os desafiava, era respondona, fazia o que queria e demonstrava ser masculina. Foi bom estudar em outro lugar. Fui morar numa quitinete, um cômodo e banheiro, a escola era particular e muito boa. Lá eu não tinha quem desafiar, foquei nos estudos, mas continuei me vestindo de forma simples, cabelos curtos, não usava nada que mulheres costumam usar. Fiz poucas amizades e não briguei com ninguém. Passava as férias na cidade, não indo à casa dos meus pais. Nesses anos todos, fui à casa deles por três vezes: uma quando minha avó materna faleceu, outra quando minha sobrinha nasceu e outra quando meu pai esteve doente; foram visitas em que fiquei dois dias, na última três dias. Não fui aos casamentos nem do meu irmão nem da irmã. Fui convidada, mas infelizmente de forma que não era para ir. No da minha irmã, ela determinou: "Se você vier, é melhor deixar os cabelos maiores e avisar para comprarmos um vestido para você". Disse que não iria. Estudei muito, fiz faculdade de educação física; trabalhei, enquanto estudava, como auxiliar de um técnico de vôlei. Gostei demais, na faculdade não sofri com preconceito. Claro que não me interessei por garotos nem por ninguém.

A moça fez uma ligeira pausa e, após, continuou:

— Quando me formei, meus pais foram; eles, nesses anos, iam me ver duas vezes por ano. Quando iam, se hospedavam em um hotel, saíamos para almoçar ou jantar em restaurantes, passeavam; normalmente mamãe queria fazer compras e eu ia com ela, ficavam também de dois a três dias. Por me encontrar pouco com eles, eu tentava me comportar, e eles não implicavam comigo. Na formatura, notei que meus pais não conseguiram ficar contentes por eu ter me formado, o fato é que eles não me aceitavam. Fiquei muito triste, aceitei o emprego de auxiliar do técnico de vôlei. Agradeci meus pais e disse que eles não precisariam mais me ajudar financeiramente. Senti-me mais ainda rejeitada. Sempre fui rejeitada e sofria quando escutava que eu era uma aberração da natureza, até que era filha do demônio, e as pessoas se apiedavam de meus pais, principalmente da minha mãe, e indagavam o que ela tinha feito para ter uma filha como eu.

— Que preconceito horroroso! — o moço a interrompeu quando a moça fez uma pausa.

À Beira do Caminho - 51

— Muitas coisas mudaram, antigamente era pior — opinou o homem. — Porém, infelizmente, vemos isso acontecer principalmente em cidades pequenas. Tudo o que é diferente, que não segue o conceito da maioria, é discriminado. Talvez você, moça, tenha sofrido mais por ter desafiado; talvez, se não tivesse agido como agiu, poderiam ter sido mais fáceis as coisas para você.

— O fato é que sofri muito! — lastimou a moça. — Por vezes não queria ser assim; outras já pensava que era assim e os outros que se danassem. Passei a ganhar razoavelmente bem, aluguei outro apartamento e gostava do meu emprego; nessa época, não sofri muito preconceito, tive um período mais sossegado.

— Então, o "então" acontecendo... — continuou a moça após uma pausa. — Conheci uma moça, foi ela que veio atrás de mim. Eu havia decidido não ter ninguém e ficar sozinha. Mas foram alguns encontros, e eu, carente, acabei me envolvendo. Ela foi morar comigo. Comecei a gastar muito com ela, todo o meu ordenado, depois minhas economias. Percebi somente depois que ela começou a me influenciar no meu trabalho com as jogadoras, pois o técnico me ouvia e acatava minhas sugestões. Um dia, ao chegar no ginásio para um treino, percebi que havia esquecido no apartamento um documento que precisava ter levado; fui buscá-lo, isso era de tarde, horário em que normalmente não estava em casa. Abri a porta do apartamento, é costume meu ser silenciosa, com certeza não fiz barulho ao abrir a porta, e escutei essa moça conversando com alguém. Parei, fiquei quietinha e pensei: "Não sabia que ela receberia alguém, não me falou nada". O que escutei me horrorizou. Os dois estavam falando de um plano. Resumindo, os dois não tinham envolvimento amoroso, mas negócios, e estes eram para que ela me influenciasse em duas coisas: primeiro, tornar uma das jogadoras titular e fazer tudo para favorecê-la e ficar famosa; segundo, levar certas partidas a serem perdidas e fazer de tudo para, em outras, ganhar, isto era para apostas. Ela estava recebendo honorários por esse trabalho, recebia comissões nos acertos dos jogos. Eu, acostumada a receber ofensas, me dominei, entrei na cozinha, era lá que os dois conversavam. Com autodomínio, peguei o moço pelo colarinho da camisa e ordenei: "Fora daqui! A negociação acabou!". Empurrei-o para fora do apartamento. A moça, assustada, ficou somente me olhando. Virei para ela e determinei: "Pegue suas coisas e saia daqui, e agora!". "Mas para onde eu vou?" "Não me interessa! Agora!" Eu a peguei pelo braço e a levei para o quarto, abri a parte do armário em que estavam suas roupas. "Pegue-as, aqui está sua mala; pelo jeito comprou muitas roupas, e com o meu dinheiro, com certeza não caberão na sua mala, vou pegar sacolas." "Eu posso explicar", ela tentou se defender. "Se você falar alguma coisa, eu fecho sua boca com um soco", ameacei. Fui eu que peguei as coisas dela, coloquei na mala e em sacolas, tirei tudo dela do banheiro, dos armários, até as roupas sujas. Coloquei-a para fora com tudo e fechei a porta. Senti muito, mas não chorei, não consegui, nunca choro. "Como pude ser tão idiota?", lamentei. Saí do apartamento; perto do prédio havia um chaveiro, fui lá e voltei com ele, que trocou a chave da porta. Então peguei o documento que fora buscar e voltei para o treino. O porteiro me contou que a moça que morava comigo pegara um táxi. Pedi para conversar com o técnico. Fui sincera com ele, que me entendeu e me pediu para ser mais desconfiada no futuro. Senti-me péssima, diminuída, traída, mas fiquei firme. Dias depois veio o convite. Um senhor viu o nosso treino e me convidou para vir como técnica para o interior. Aceitei. Pedi demissão do emprego, vendi os móveis, devolvi o imóvel para a imobiliária e vim.

— Agiu diferente de mim — elogiou o moço. — Enfrentou a situação.

— Como você, moço, fui traída, usada, passei por uma situação vexatória — lamentou a moça.

— Você, moça, agiu com prudência — opinou o homem — e contou para o técnico o que houve. Porém fugiu também. Fez uma escolha. Mas você é sozinha; se não der certo, poderá voltar. Tem um diploma de educação física e, pelo jeito, entende muito de vôlei.

— Você soube mais da garota? — Mila quis saber.

— Infelizmente soube. Ela foi me procurar no treino, falou para as jogadoras que estava arrependida, que fora morar com sua irmã e que estava procurando emprego. Proibi a entrada dela no treino, ela poderia estar espionando.

— Você ainda gosta dela? — o moço quis saber.

— Penso que não. Envolvi-me, mas penso que não a amava. Sofri foi pelo que aconteceu. É chato ser feita de boba. Mas passou.

— Você disse, quando começou a falar, que estava irada — lembrou Mila.

— De fato estava, talvez ainda esteja, mas é mais comigo — explicou a moça.

— Penso que você se cobra muito — observou o homem. — Será que não é melhor pensar que você é como todos? Sofreu porque foi enganada. Mas antes ser enganada do que enganar.

— Você é de família rica? — Mila, curiosa, quis saber.

— Sim, meus pais estão bem financeiramente — respondeu a moça.

— Vocês os informou de que está mudando? — Mila perguntou.

— Telefonei e, como sempre, telefonemas entre nós são lacônicos. Disse que aceitara um emprego em outra cidade e que depois mandaria o endereço. Isto pretendo fazer. Obrigada por me ouvirem — agradeceu a moça. — Realmente, falar me fez bem. É a primeira vez que falo sobre isso e com tanta sinceridade.

— Vamos fazer outro café — sugeriu o moço. — Ainda falta escutarmos o homem e a mãe.

Mila levantou e, como tinha água quente numa panela e o fogo estava aceso, ela fez o café. Os quatro tomaram e olharam para o homem.

CAPÍTULO 5

O HOMEM E A MÃE

O homem suspirou e contou:

— Vocês são os únicos a saber o porquê desta viagem. Saí de casa para matar uma pessoa.

— O dono desta casa?! — o moço se assustou.

— Matou o Zé Di?! — Mila também se assustou e quis saber.

— Você é o assassino?! — indagou a moça.

— Não matei ninguém — afirmou o homem. — Disse que saí de casa para fazer isso. A enchente me impediu de ir aonde deveria. Não matei o Zé Di. É melhor contar o que aconteceu, e desde o começo.

O homem fez uma pausa, os três estavam atentos.

— Moro — o homem falou compassadamente — num sítio, sempre morei na zona rural, meus pais eram sitiantes.

Frequentei a escola com meus irmãos, trabalhei no sítio e, com meu trabalho e ajuda de meu pai, comprei umas terras, o sítio em que resido. Nessa época namorava minha esposa, que é também filha de sitiantes. Sempre amei minha esposa, combinamos muito, tivemos três filhos, dois homens e uma menina. Meus filhos estudaram na cidade. Nunca tivemos problemas com eles, os dois rapazes são boas pessoas, são trabalhadores, atualmente são casados, um deles mora e trabalha comigo no sítio, o outro mora na cidade, é dono de um mercadinho. Tenho quatro netos, dois de cada filho, eles são pequenos.

O homem deu um suspiro profundo, todos sentiram ser doloroso; após, voltou à sua narrativa:

— É o "então", como disse o moço, e a moça repetiu, então algo muda, desmorona, acontece algo que muda nossa vida. Aconteceu. Minha caçula, uma garota bonita, educada, pessoa boa, tinha muitos amigos, todos gostavam dela. Era bem mais nova que os irmãos, tivemos os dois meninos com diferença de um ano e oito meses. A menina nasceu após sete anos do último. Meus filhos, para ir à escola, andavam um pedaço, iam pela estrada por uns quinze quilômetros até uma outra estrada, em que passava o ônibus escolar. Quando pequenos eles não iam sozinhos; a mãe, um empregado ou eu os levava e buscava no ponto; maiores, eles iam sozinhos. Quando a menina foi para a escola, os irmãos já haviam saído. Ela ia sempre com duas amiguinhas, e minha esposa costumava levá-la e buscá-la. No último ano, as amiguinhas haviam terminado os estudos e ela não teve mais companhia. Com ela maior, onze anos, ia ao ponto de ônibus e voltava sozinha. Pensávamos que não havia perigo. Mas um dia o "então" aconteceu. Ela atrasou, minha esposa sentiu um aperto no coração, ficou inquieta e resolveu ir ao ponto de ônibus. Não a viu e esperou no ponto. Viu o ônibus retornando, porque já havia levado todos os estudantes e voltava para a cidade. Minha esposa parou o ônibus e o motorista afirmou que nossa filha havia descido como fazia todos os dias. Minha esposa se apavorou, gritou por ela e retornou. Eu soube que ela não chegara em casa e, com empregados e meu filho, fomos procurá-la. Foi a minha vez de sentir um aperto no coração. Andamos ao lado da estrada. Eu escutei um grito terrível de meu filho, ele a encontrou. Estava morta, alguém virou seu pescoço, o torceu e a estrangulou, ela estava com as vestes rasgadas e seminua. Eu a olhei e fiquei parado, não tive forças nem para me mexer. Meu filho tirou a camisa e cobriu o corpo dela. Um empregado foi à cidade buscar a polícia e todos os empregados saíram procurando a pessoa, o homem que fizera aquilo. Os policiais chegaram, meu filho me levou para casa, eu estava em choque, não falava nem chorava. Minha esposa chorou aflita, ficou desesperada. Dois policiais levaram o corpo de minha filha para a cidade e um deles foi buscar roupas para vestir nela, foi minha nora que arrumou tudo. A polícia procurou por alguém diferente que pudesse ter estado por ali, não encontrou ninguém. O velório, o enterro foi muito triste. O crime comoveu a todos. A polícia investigou, e o resultado foi: viram um carro de uma cidade que fica do outro lado do rio maior. Viram esse carro ir e voltar. Foram atrás, descobriram que o dono do carro era um moço de família rica e, ao abordá-lo, viram que ele estava com arranhões nos braços. A mãe dele jurou que ele estava em casa com ela. Tudo indicava que fora ele, mas, como não houve flagrante, era réu primário e a família contratara dois bons advogados, ele ficou em liberdade e foi somente após três anos que houve o julgamento. Foi algo deprimente, tudo indicava que fora ele, mas não havia provas suficientes. As pessoas viram o carro, uma delas o viu, o empregado das balsas que levam carros havia afirmado que vira o moço e o carro indo e voltando, mas, depois de um ano, esse empregado das balsas faleceu. De nada adiantou o depoimento das pessoas. Ele não foi condenado.

O homem suspirou novamente, não chorou, mas encheu os olhos de lágrimas. Vendo que os três estavam atentos, voltou a falar:

— Faz quase quatro anos que minha filha morreu, e assassinada de forma brutal. Tornei-me, após a morte dela, uma pessoa amarga, nunca mais ri, fiquei triste e sempre penso: E se tivesse ido buscá-la? E se ela não estivesse sozinha?

— Não adianta — interrompeu o moço — pensar assim. O "se" não deve fazer parte de nossas vidas. Eu sofri por isso, pensei muito: E se não tivesse agido errado? E se não fosse arruaceiro? E se não tivesse ficado com aquela mulher? Mas o fiz. Por favor, homem, deixe o "se" para lá. Continue a contar, por favor.

— Você tem razão, moço. — O homem voltou à sua narrativa. — Ali, por aqui, nunca havia tido crime assim, tão brutal. Nunca pensei que poderia haver esse perigo. Não nos precavemos. O julgamento foi horrível, os advogados faziam perguntas que deixavam as testemunhas hesitantes, levando-as a pensar que poderiam ter se confundido. A mãe dele jurou que ele estava com ela naquele dia, e a irmã, que os dois brigaram e que ela o unhara, por isso os braços dele estavam arranhados. Por aqui não se fazem exames, poderiam ter tirado de debaixo das unhas de minha filha a pele, e isso poderia, após análise, ser suficiente para condená-lo. Temos a certeza de que foi ele. Escutamos conversas de que ele também atacou outras adolescentes, meninotas, não as matou e, para não ser denunciado, deu dinheiro para os pais dessas garotas. Resultado: ele foi inocentado, não ficou nem um dia preso.

O homem fez outra pausa, mas logo continuou a contar:

— Antes de essa tragédia acontecer, íamos sempre aos domingos e nos dias santos à igreja, às missas. Não fui mais e briguei com Deus. Por que Ele, o Todo-Poderoso, não impediu que aquilo acontecesse com minha filha? Não tive resposta, então não voltei mais à igreja, não rezei mais. Se antes do julgamento tinha esperança de que ele fosse preso, ela acabou, desiludi-me, então resolvi matá-lo. Estava indo à cidade em que ele mora, procurá-lo e atirar nele, estou com um revólver na minha mochila. Estava indo resolver um negócio, não menti, mas não falei que negócio era, é matar o assassino de minha filha.

— Ficou louco, homem?! — expressou o moço. — Você o matando se iguala a ele.

— O quê?! — o homem se exaltou. — O que fala? Igualar-me a ele?

— Não precisa se exaltar, homem — pediu o moço. — Não quis ofendê-lo. Mas raciocine: ele matou, você mata, ambos são assassinos. A diferença é que ele é mau, covarde, mata o mais fraco. Você é bom, honesto e mata o mais forte. Mas ambos matam. Você, ao fazer isso que planeja, pode escapar ou ser preso. Você merece ser igualado a ele? Como pensou em fazer esse ato? Sua esposa sabe?

— Minha esposa não sabe — respondeu o homem —, ninguém sabe a não ser vocês. Disse para minha esposa que ia tentar vender o milho num armazém muito grande que fica numa cidade do outro lado do rio, ia pegar uma balsa, mas iria à cidade em que esse rapaz assassino mora; lá, ia tentar saber onde ele reside, ficar na frente da casa e, ao vê-lo, atirar nele.

— Você sabe atirar? — perguntou a moça.

— Sei, sim, atiro bem — respondeu o homem.

— E depois o que faria? Pensou? Atira no cara e faz o quê? Espera a polícia ou sai correndo? O que pensou em fazer? — o moço perguntou, ele estava preocupado.

— Não sei, talvez fugir, de fato não sei — o homem gaguejou.

— Muita ingenuidade de sua parte — opinou a moça.

— Homem — aconselhou o moço —, vá por mim, não faça isso; você, sendo preso em flagrante, ficará preso, será muito difícil você responder pelo crime num julgamento, em liberdade. Você não sabe o que é ficar preso. Não vale a pena!

— Sabe o que eu penso? — perguntou a moça e continuou a falar o que deduzira: — Que você, homem, dá mais valor à sua vingança do que ao resto. Focou no que deu de errado com você em vez de focar no que tem. Você tem muitas coisas para dar valor: esposa, filhos, netos e talvez amigos. Sua esposa deve ter sofrido o mesmo tanto que você e, com essa sua atitude, a fará sofrer e também aos seus filhos. Não seja ingrato! Tenha juízo, homem!

— Eu ainda não matei! — defendeu o homem.

— Ainda bem! — exclamou a moça.

"Meu Deus!", pensou Mila concluindo. "Foi esse Zé Di quem matou a filha do homem. O assassino torceu o pescoço da menina e o ex-dono da casa foi morto com uma facada no pescoço. Foi o homem quem matou o Zé Di!"

— Agora é a sua vez, mãe. Conte sua história — determinou o moço.

— Eu?! — Mila se assustou.

— Sim, você é a única que falta. Conte! — pediu a moça.

— Antes de falar de mim, quero fazer uma pergunta ao homem. Encontramo-nos na ponte, o senhor voltou primeiro que eu e chegou nesta casa por último. Onde esteve? Não era para ter chegado primeiro?

— Quando soube que as balsas pararam, ia retornar para minha casa, porém vi que o rio estava muito cheio, perigoso de atravessar, lembrei da casa do finado Antônio, que fica deste lado do riozinho a uns quatro quilômetros da ponte. Antônio morava lá com a esposa e, quando faleceu, ela foi para a cidade morar com a filha. A casa estava abandonada, fui lá pensando em me abrigar. Ao chegar, vi que a casa estava em ruínas, foi depredada, não tinha janelas e portas, nada dentro. Percebi que não dava para ficar lá, então lembrei de Zé Di e vim para cá.

— Explicado! — comentou o moço. — Agora conte, mãe, sua vida.

Mila pensou que era mais fácil falar de suas lembranças a desconhecidos. Resolveu contar:

— Fui deixada num abrigo de crianças órfãs logo que nasci. Para mim, quando pequena, estava tudo certo, não fazia ainda comparação; quando comecei a compreender, passei a sofrer. Comecei a entender o que acontecia comigo aos quatro anos, quando foi para o abrigo uma menina com minha idade que me disse: "Você não irá ser adotada porque é preta e feia; eu, com certeza, serei, porque sou branca e bonita". Foi então que comecei a comparar e sofrer. No abrigo havia muitos funcionários que normalmente tentavam fazer seus trabalhos e que necessitavam do salário; deviam ter, como todos, problemas. A que tomava conta, a responsável, era enérgica e nada carinhosa. A que nos tratava melhor era a tia Gelira, nós a chamávamos assim, não sei o nome dela. E foi a ela que perguntei o que era ser adotada. Ela me explicou que pessoas que queriam filhos iam em abrigos e levavam uma criança para morar com elas. Eu, ingenuamente, perguntei se ser adotada era bom. Ela me elucidou que normalmente era, porque a criança teria pai, mãe e uma casa com menos crianças. Penso que foi a primeira rejeição que senti. De fato, a menina que me falou isso foi adotada e ela foi embora toda contente. Foi na escola que de fato senti a rejeição, era preta e órfã. Entendi, pelas conversas que ouvia, o que era ter mãe e uma casa para morar. Quis muito então ser adotada, mas as pessoas que vinham ao abrigo nem me olhavam. Uma vez uma menina na escola me disse: "Você não tem ninguém! Você deve ser má para sua mãe tê-la abandonado!". Tive vontade de dizer que não era má, mas não tive coragem. Tornei-me insegura, no abrigo pegavam minhas coisas e eu não falava nada, fazia tarefas para outros porque não conseguia negar, estava sempre quieta, triste, sentia-me diminuída e rejeitada. Esforçava-me para estudar, fui boa aluna, pegava livros para ler e gostava. Teria de sair do abrigo com dezesseis anos. Terminei os estudos e passei a trabalhar, e muito, no abrigo, cuidava das crianças menores, limpava e até cozinhava. Com dezesseis anos fui morar na casa de uma senhora, ela fazia esse trabalho, ficaria comigo e me ensinaria a ser uma empregada doméstica. Foi então que conheci o que era uma casa. Essa senhora era enérgica, mas me ensinou. Passei a dormir num quartinho e não gostei de ficar sozinha; no abrigo, era movimentado, muito barulho o dia todo, e eu sempre dormira em quartos com seis colegas. Esforcei-me para aprender. Essa senhora me ensinou a arrumar uma casa, lavar, passar e cozinhar. Fazia todo o serviço para ela em troca de ela me abrigar, ela comprava poucas coisas para mim. Depois de três meses, achando que já sabia, ela arrumou emprego para mim, perto da casa dela, de empregada doméstica. A outra senhora, minha patroa, pagava um ordenado para essa senhora, porém ela me ensinou e me deu muitas roupas. Além de trabalhar para essa senhora, ainda fazia todo o serviço para a mulher que me abrigava. Isso ocorreu por oito meses. "Agora", determinou ela, "você poderá se virar sozinha, ensinei você para ser uma boa profissional, faça sempre por merecer seu ordenado. Arrumei para você um trabalho, irá dormir lá, morar, seja sempre educada". Fiquei com medo e senti-me muito sozinha , não tinha de fato ninguém. Fui, a casa era enorme, uma mansão, tinha quatro empregados: um jardineiro, que, além de cuidar do jardim, fazia os serviços pesados; uma empregada, que ia três vezes por semana lavar e passar; a cozinheira; e eu, que faria o serviço de limpeza. Ao lado da lavanderia havia três quartos de empregados: um deles era da cozinheira, ocupei um outro, e o terceiro estava vago. Adaptei-me rápido ao serviço da casa. Domingo era a folga da cozinheira, e quarta-feira, a minha. Domingo, o casal almoçava fora, era eu a única empregada a ficar, preparava o desjejum, fazia muitas coisas, esquentava para mim a comida que restara do sábado. Na casa, morava somente o casal, eles deviam estar com cinquenta anos e tinham um casal de filhos. A filha morava em outro país, era casada e tinha filhos. A cozinheira me contou que o casal ia uma vez por ano à casa da filha e normalmente ficavam duas semanas, eram as férias dos empregados, e que a filha ia também uma vez por ano à casa e que então ela ficava movimentada e com muito trabalho. O filho também era casado, morava na cidade, tinha dois filhos pequenos, e eles iam às vezes visitá-los, mas a senhora ia muito à casa dele. Via pouco o dono da casa, ele estava sempre sério, mal olhava para os empregados. A senhora dava ordens, mas quem estava sempre tratando com os outros empregados era a cozinheira. Nas duas primeiras folgas não saí; na terceira fui andando para a cidade, a casa ficava num condomínio, a cozinheira me emprestou dinheiro, usei-o para me alimentar e

À Beira do Caminho **- 65**

para voltar de ônibus. Venceu o mês, a senhora me pagou e disse: "Estou contente com seu serviço, continue assim". Foi muito bom ter aquele dinheiro, paguei a cozinheira e na quarta-feira seguinte fui à cidade e comprei coisas para mim, fui a um cabeleireiro e alisei meus cabelos, isto era algo que sonhava em fazer. Fiz dezoito anos, ninguém lembrou do meu aniversário. Mesmo eu conversando com os outros empregados e estando tudo certo, sem problemas, eu me sentia sozinha, isso é muito ruim. Havia visto o filho do casal de longe e o achei muito simpático e bonito.

Após uma ligeira pausa, a mãe contou:

— O "então" aconteceu. Uma tarde estava limpando os vidros da área da frente da casa quando ele, o filho dos patrões, entrou, me olhou, sorriu e indagou: "Você é nova aqui? Bom dia! Como se chama?". Eu respondi e ele indagou: "Sabe se minha mãe está em casa?". Disse que sim. Ele passou a ir mais visitar a mãe e, quando ia, me olhava, sorria e me cumprimentava. Um dia a senhora me chamou: "Mocinha", ordenou ela, "vá com meu filho ao antigo quarto dele para ajudá-lo a procurar algo que está no armário, aproveite e leve materiais de limpeza para limpar o armário". Fiz isso e fui para o quarto. Ele abria as portas do armário, tirava papéis, objetos, álbuns, dava para eu limpar e, limpos, colocava-os em cima da cama; com parte do armário vazia e limpa, nós dois colocávamos o que fora tirado novamente no armário. Ficamos conversando, gostei demais de conversar com ele, rimos. Foi na última porta que ele encontrou o caderno que fora procurar. "Pronto!", exclamou ele. "Encontrei!" A mãe dele entrou no quarto, e ele me elogiou: "Mamãe, essa mocinha me ajudou; demorei, mas encontrei. Obrigado!", dirigiu-se a mim. Os dois saíram e eu terminei de limpar o armário. Na quarta-feira seguinte, eu saí às nove horas da casa para pegar o ônibus que, às nove horas e quinze minutos, passava em frente ao condomínio para ir à cidade. Antes de chegar ao ponto, ele parou, estava de carro e me ofereceu carona. Pensei em recusar, mas ele era muito educado, concluí que não havia nada de mais em aceitar. Ele, antes de chegarmos ao centro da cidade, me convidou para tomar café, fomos a uma padaria e conversamos muito. Isso virou rotina, às quartas-feiras ele me esperava perto do ponto de ônibus, íamos tomar café, encontrávamo-nos de novo à tarde, íamos ao cinema e depois de três meses fomos a um motel. Tornamo-nos amantes. A cozinheira, ela era viúva, tinha três filhos adultos, percebeu que algo acontecia e tentou me alertar: "Preste atenção, o filho dos patrões é casado, tem filhos; embora todos nós saibamos que ele casou porque ela engravidou e que ele não gostava dela, ela é de família conhecida, os pais são amigos e nossa patroa gosta muito dela". Mas eu não a escutei, já o amava, e muito. Fiquei grávida, ia contar para ele quando a patroa me chamou, ela ficou sabendo. Foi um horror! Ela me ofendeu muito, me xingou. Esforcei-me muito e consegui coragem para dizer que estava grávida. Pensei que ela ia me bater, me ofendeu mais ainda. Disse que eu com certeza não sabia nem quem era o pai etc. Ela me expulsou, ordenou que saísse de imediato da casa dela. Levantei-me, fui ao meu quarto e peguei todas as minhas coisas, despedi-me somente da cozinheira. Estava saindo quando a cozinheira me deu um envelope. "A patroa mandou lhe entregar." Pensei em não aceitar, mas precisava de dinheiro. Chamei um táxi e fui para o centro da cidade, parei numa pensão. Tive de pagar um dia adiantado. Fui ao local em que ele trabalhava, era na firma do pai dele; na portaria, pedi para falar com ele, e a moça, a atendente, me disse que ele estava viajando. Andei sem saber o que fazer, sentei-me num banco de uma praça. Uma senhora se sentou ao meu lado e, me vendo aflita, agoniada, conversou comigo. Essa senhora me escutou, desabafei, ela me animou e me convidou para ir morar com ela. Peguei as coisas que deixara na pensão e fui com essa senhora. A casa dela ficava num bairro distante, era simples, mas limpinha, tinha dois quartos, ela me acomodou em um. Estava atordoada e não sabia o que fazer. Dois dias depois, voltei à firma, a atendente me falou que ele estava viajando e que demoraria para voltar. Escrevi um bilhete a ele dando o meu endereço, a atendente prometeu entregar. O dinheiro que a mãe dele me dera era o meu ordenado e um pouco a mais. Tinha de fazer algo para ter dinheiro; a senhora na casa de quem passei a morar, a dona Ritinha, me ajudou a arrumar faxinas, passei a trabalhar três vezes por semana, depois cinco. Comprei roupinhas para o bebê e guardei um pouco. Fiz o pré-natal gratuito no hospital. Fui mais vezes à firma e obtive a informação de que ele não trabalhava mais ali, que mudara de cidade. Eu não sabia onde ele morava. Fui ao condomínio e fui impedida de entrar, a senhora, minha ex-patroa, o proibira. Perguntei ao porteiro do filho dela, ele me respondeu que não sabia, que não vira mais ele. Desisti dele, de tentar revê-lo, conversar com ele. Com a gravidez avançada, gorda, não aguentei mais fazer faxina; parei, o dinheiro que guardara deu para fazer minhas despesas. Minha filha nasceu. Decidi viver para ela. Voltei ao trabalho dois meses depois, dona Ritinha ficava com minha filha; depois ela, com dez meses, foi para a creche. Melhorando um pouco mais financeiramente, aluguei uma casinha perto dessa senhora: era um salão grande, que servia de sala, quarto e cozinha; e um outro cômodo, o banheiro. Mudei para lá e fui comprando móveis. Tive, nesse tempo, dois namorados, mas não quis me envolver com ninguém, ainda o amava. Quando encontrei Serafim, a senhora para quem eu fazia faxina três vezes por semana me dispensara, teria de arrumar outras faxinas. Pensei que seria bom eu trabalhar somente numa casa que fosse minha, ter a segurança de um lar e minha filha não precisar mais ir à creche. Aceitei, vendi algumas coisas, outras deixei na casa da dona Ritinha e vim.

A mãe deu por encerrada a narrativa da história de sua vida.

— Você contou e não chorou — observou o moço.

— Penso que já chorei demais — disse a mãe.

— Já é tarde, devemos agora dormir — determinou o homem. — O bom é que a chuva parou.

— Boa noite! — desejaram os quatro.

Deitaram e o moço pensou:

"Todos nós temos histórias de vida sofridas. Qualquer um de nós poderia ter matado aquele que foi dono da casa. Penso que foi a moça. Ela se enrolou ao tentar explicar por que foi à passarela, voltou e não encontrou a mãe nem o homem. Com certeza ela pediu abrigo e esse Zé Di, que deu e a convidou para entrar, tentou levá-la para o quarto, para a cama, para estuprá-la e a ameaçou com a faca, mas ela, forte, lutou com ele, tirou a faca do Zé Di e o feriu no pescoço; com certeza não queria fazer isso, mas fez. Apavorada, saiu da casa, largou a porta aberta, escondeu-se aqui por perto da casa e, ao me ver chegar, voltou, porque sabia que não tinha para onde ir. Porém prefiro pensar que foi alguém que vingou a morte do rapaz que comentam que ele assassinou. Prefiro pensar que não foi nenhum de nós quatro".

O homem se deitou e pensou:

"Foi a mãe que matou o Zé Di. Ela, antes de ir à ponte, parou na casa, afirmou que não entrou, mas deve ter entrado. Zé Di a atendeu, porém ele a quis estuprar ou a filha, estava com uma faca. Essa mãe faz qualquer coisa pela filha. Eu faço. Ela matou o Zé Di e foi para a ponte, voltou, percebeu que havia pessoas na casa e decidiu ficar. Foi ela! Sei quando alguém esconde algo e tenho a certeza de que a mãe esconde. Queria que o moço estivesse certo, que foi alguém que não está entre nós. A enchente nos reuniu aqui, e todos nós já sofremos bastante".

"Foi o homem!", concluiu a moça. "Ele é o assassino! Ele saiu da casa dele para matar o assassino da filha. E o assassino era esse Zé Di! Então o homem veio e o matou. A filhinha do homem faleceu porque teve o pescoço torcido, e ele matou o Zé Di pelo pescoço. É pena que ele tenha feito isso, mas eu o entendo. Será que se eu tivesse uma filha seria capaz de me vingar assim? Matou, morreu? Eu seria e faria. Mas ele não merece ser julgado culpado nem preso."

Mila também tirou suas conclusões:

"Foi o moço! Com certeza era o Zé Di o amante daquela mulher que o incriminou. Talvez ele não fora preso, ou saíra da prisão e estava aqui. O moço o encontrou e se vingou. O moço mexeu, revirou toda a casa, talvez procurasse algo, o que eu encontrei. Ele entrou na casa e matou o Zé Di, talvez até dormindo porque não havia sinal de luta; saiu e, quando viu que a moça ia entrar na casa, entrou junto tanto para se abrigar quanto para procurar algo. É pena! O moço já sofreu tanto! Desconfiei mais porque ele insistiu que foi outra pessoa e que não foi nenhum de nós".

Dormiram.

CAPÍTULO 6

DECISÕES

Acordaram cedo e, como no dia anterior, tomaram café; a menina, leite; comeram ovos e milho.

— Graças a Deus, parou de chover! — exclamou a moça.

— Será que já podemos ir embora? — a mãe, ansiosa, quis saber.

— Não! — expressou o homem. E explicou: — Demora horas para as águas abaixarem, isto se a chuva parar também nas cabeceiras. Penso que logo o rádio voltará a funcionar, ou melhor, a estação transmissora, que fica numa cidade próxima, e, quando isso ocorrer, eles darão notícias de como estão as estradas e o tráfego. Depois os lembro do que falei: se a sirene tocar, escutaremos daqui, quando as balsas voltarem a percorrer o rio.

— Então é melhor decidir o que fazer, por favor, sejamos razoáveis — pediu o moço.

— O que é ser razoável para você? — perguntou a moça.

— Decidir sobre o nosso problema da melhor forma possível — explicou o moço. — E, antes que você pergunte qual problema, eu respondo: é o cara que está naquele cômodo no quintal. Quero muito me livrar dele. Por favor, não duvidem de mim, não sou culpado! Por isso, se for alguém aqui que fez esse ato, que fale e assuma. Senão, estamos todos encrencados. Sim, todos. A mãe terá de ficar aqui até ser provada sua inocência. Será que esse Serafim a aceitaria? Ele pode recusar, não querer ter em seu lar uma pessoa suspeita de um crime.

— Filha — Mila o interrompeu —, pegue as folhas de papel e desenhe para nós. Faça um desenho bonito para cada um.

A menina puxou a cadeira em que estava sentada para perto da mesa e, contente, se pôs a desenhar. Mila pediu para o moço:

— Pode continuar.

— Antes é melhor saber o que cada um de nós pretende fazer — disse o moço. — Eu quero ir para uma cidade em que soube haver muitos empregos na construção civil e procurar emprego, ser honesto, trabalhador, nunca mais pôr bebidas alcoólicas na boca, não fumar, frequentar uma igreja evangélica, pois na prisão fui convertido, e, quando namorar, quero fazê-lo com uma moça honesta e boa. E você, mãe, o que quer fazer? Penso que não deve ir se encontrar com esse Serafim. Vocês duas, mãe e filha, não merecem morar numa casa parecida com esta.

— Retornarei — decidiu Mila. — Assim que os barcos forem liberados, vou retornar para a cidade de onde vim.

— Deve mesmo fazer isso — apoiou o homem. — Volte, mas diferente, seja otimista, acredite em você. Precisa de dinheiro para voltar?

— Não, obrigada, homem. Tenho para voltar — agradeceu Mila. — Decidi retornar, procurar emprego e viver da melhor forma possível, e para minha filha. Entendo sua dor, homem, calculo o tanto que sofreu com o que aconteceu com sua filha.

— Nós duas, você, mãe, e eu — a moça deu sua opinião —, focamos nas nossas dificuldades. Você, mãe, se rejeitou. Por quê? Teve motivos, como eu tive os meus. Escutá-los me fez bem! Fui rejeitada e reagi agredindo; você, mãe, não reagiu, aceitou as ofensas. Se reagi demais, você não, penso que ambas erramos. Por que não podemos ser o que somos? Se aceitarmos, o que importam os outros? De fato, temos diferenças, você foi colocada num abrigo de menores. Mas por quê? Talvez não tenha sido rejeitada, talvez sua mãe de fato não tenha conseguido ficar com você, pode até ter falecido. Eu tive pais, mas eles me rejeitaram, não aceitaram o que sou. Vamos, você e eu, nos aceitar, enfrentar a vida de cabeça erguida. Começando quando arrumarmos algum relacionamento, escolher e fazê-lo com uma pessoa boa. Quando nos rejeitamos, achamos que não merecemos alguém que seja bom. Eu, após escutá-los, resolvi mudar. Faça isso também, mãe.

— Aceito os conselhos — pediu Mila.

— Pense que você é filha de Deus e que esse Pai a ama — o moço falou. — Volte, dessa vez se amando e querendo tudo de bom a você. Procure emprego de cabeça erguida, se dando valor, isto faz diferença, as pessoas empregadoras sentirão. Volte e refaça sua vida. — O moço olhou para o homem e indagou: — O senhor pode me dar algum dinheiro?

— Posso, sim — afirmou o homem. — Irei lhe dar para fazer a viagem na balsa e para suas despesas por uns dias.

— Deus lhe pague! Aceito e sou grato! — o moço se alegrou. — E você, moça, o que fará?

— De fato — disse a moça —, reconheço que não tenho procedido bem, principalmente com minha família. Recebi pedradas, peguei as pedras e as joguei de volta. Fui machucada e machuquei. Isso não é certo. Vou ser diferente. Quando respondia com agressão era porque me sentia ofendida. Agora nenhuma ofensa irá me atingir, isso porque se escutar algo que me desagrade entrará por um ouvido e sairá pelo outro. Irei agir diferente, serei simples e quero ajudar não somente os jovens a jogar, mas ouvir seus problemas e auxiliá-los a encontrar soluções. Quero ajudar as pessoas.

— Faz bem, porque é ajudando que se é ajudado. Quero fazer isso também, ser bom colega de trabalho, ajudar sempre no que me for possível — determinou o moço.

— O senhor, homem, desistiu de matar aquele assassino? — perguntou a moça.

— Sim, vou voltar para a minha casa...

— Ainda bem — interrompeu o moço. — Você sofreu com aquela tragédia, mas todos de sua família sofreram também. Com o que pensava em fazer os faria sofrer, e provavelmente muito. Se fugisse, seria um fugitivo, teria de se esconder, viver longe deles, isto os preocuparia demais. Se você fosse preso, eles gastariam muito dinheiro com o senhor, com advogados, na prisão, talvez eles tivessem de se privar de muitas coisas por sua causa. Sua esposa, ficando sem o senhor, sofreria mais ainda. Seria egoísmo de sua parte.

— Pensei nisso, ter mais sofrimentos por causa desse assassino não vale a pena! — o homem suspirou.

— Você não chora? — perguntou Mila.

— Não costumo. Depois do enterro de minha filha, nunca mais chorei — contou o homem.

— Pois deveria, lágrimas que não são de revolta lavam nossa alma — opinou Mila.

— O que vai fazer, homem? — a moça insistiu em saber.

— Voltar para o meu lar — respondeu o homem. — Cuidar melhor de minha esposa, voltar a frequentar a igreja, ir à missa, pedir perdão a Deus e estar em paz, fazer de tudo para ajudar as pessoas, principalmente aqueles que me rodeiam. Quando o moço contou o que é uma prisão, fiquei pensando que não valia a pena me vingar. Resolvi confiar em Deus e me esforçar para perdoar. Ver o Zé Di morto também mexeu comigo. É estranho ver pessoas mortas. O corpo morre, a alma vai embora, a pessoa não acaba. Minha filha não acabou.

— Irá de fato esquecer o assassino? — perguntou Mila.

— Sim, quero esquecê-lo — afirmou o homem.

— Recebemos de volta tudo o que fazemos.

— Você é religiosa, mãe? — a moça quis saber.

— Nem tanto — respondeu a mãe. — No abrigo, às vezes íamos à missa. Quando saí, não fui mais; depois, com minha filha já crescidinha, fui a um centro espírita, gostei muito, agora irei mais vezes. Quero ser mais religiosa. Homem, pense em sua filha bem, porque ela só pode estar bem e, se ela pode vê-los, deve estar preocupada com o senhor, com certeza sua filha perdoou e quer que perdoem, tudo tem razão de ser. Chore por ela com saudade, tenha nas lágrimas o amor que sente, não revolta, viva de novo com alegria e faça o bem, que é para, quando o senhor morrer, encontrá-la, poder abraçá-la sem ter as mãos sujas de sangue alheio. Reaja!

— É o que irei fazer — afirmou o homem. — Dar valor ao que eu tenho. Voltar a ficar em paz com Deus, ser uma pessoa melhor, cuidar de minha esposa, filhos, netos, do meu sítio e das pessoas.

— Muito bem! — exclamou o moço. — Todos com planos e bons. Porém temos um problema. O que fazer com o cara? Continuo pensando que foi alguém diferente, nenhum de nós. Mas estamos encrencados. O homem pode ficar no seu sítio. Eu fico onde e sem dinheiro? Alguém irá me dar trabalho? A mãe não poderá retornar à sua cidade, a moça não poderá assumir seu emprego.

— Não sabemos quem é quem aqui dentro, não sabemos os nomes — lembrou o homem. E opinou: — Devemos decidir juntos, já que a vida nos uniu por estes dias. Primeiro pergunto: Quem matou o Zé Di? Foi você, mãe?

— Eu não! — Mila respondeu rápida.

— Você, moça?

— Não! — A moça foi lacônica.

— Você, moço?

— De jeito nenhum! Não fui eu! — afirmou o moço.

— Nem eu! — o homem afirmou, os olhou e opinou: — Vamos então fazer algo, temos de fazer esse algo, que pode ser: esconder o corpo, ir embora e assunto encerrado.

— Encerrado como enterrado! Concordo! — exclamou o moço. — Eu, como ex-presidiário, seria o primeiro suspeito. Não matei ninguém e não quero matar. Tenho horror a assassinato. Vi na prisão pessoas que morreram, e a maioria assassinada por brigas, rixas, um horror! Voltemos ao nosso assunto. Eu respondo de novo: não fui eu! Concordo com o homem. Podemos enterrá-lo naquele cômodo e depois derrubá-lo.

— Será que ninguém dará falta dele? — perguntou Mila.

— Não creio — respondeu o homem. — Pelo que sei, Zé Di não tinha ninguém. As pessoas, ao passarem por aqui e não vê-lo, e ele não indo à cidade, concluirão que morreu na enchente. Muitas pessoas devem ter de fato morrido com o aumento das águas dos rios, por ter suas casas desmoronadas e por acidentes.

— O que acha que acontecerá com esta casa? — perguntou a moça curiosa.

— Com certeza acontecerá o que ocorreu com a casa do finado Antônio — respondeu o homem e, após pensar por instantes, concluiu: — Ao ver a casa sem dono, talvez alguém tome posse e se mude para cá, ou pessoas, a vendo desocupada, entrem e peguem tudo o que acharem aproveitável, tudo mesmo, até da horta, e talvez a depredem.

— Sendo assim — concordou a moça —, o melhor é de fato fazer um buraco no cômodo, enterrar o caixão, tirar tudo o que é aproveitável de lá e colocar na área do fundo, isso para que ninguém mexa no entulho, e, após, derrubar aquele cômodo. Vocês dois podem fazer isso, e agora. A mãe faz o almoço, e eu irei à horta pegar tudo o que podemos comer. Será que amanhã poderemos ir embora?

— Se não chover mais, penso que sim — afirmou o homem.

— Então vamos fazer o que nos compete — decidiu o moço. — Vou pôr a roupa velha do ex-dono da casa. Mãe, vi que na cozinha tem fubá. Será que você não pode fazer polenta? Faz tempo que estou com vontade de comer polenta, e com frango.

— Faço, sim. Hoje almoçaremos polenta com frango — decidiu Mila.

A menina fez os desenhos e os deu, foi elogiada e agradeceram. E cada um foi fazer o que foi proposto.

Mila foi para a cozinha, lavou as louças, viu o fubá e se organizou para fazer a polenta. A moça foi à horta, pegou um frango, matou a ave, limpou, depois colheu espigas de milho, frutas e verduras. Foi, após, ao cômodo ver o que os dois homens faziam: eles cavaram dentro daquele espaço um buraco e colocaram o caixão, que estava tampado. A moça pegou todas as ferramentas e as levou para a área. Os dois homens cobriram de terra o caixão, o fizeram de modo que ninguém perceberia que algo fora enterrado ali e então deram por terminado o trabalho; depois, verificaram se não havia mais nada ali que poderia ser aproveitável e derrubaram o cômodo, que foi todo ao chão.

— Pronto! — concluiu o homem. — Feito e bem-feito!

Foram almoçar, mas antes o homem e a moça se lavaram; o moço decidiu:

— Vou almoçar como estou; após, irei ver o que tem mais por aí e tentar deixar as aves com água e comida. E, se formos embora amanhã, quero levar algumas coisas para me alimentar. Se sobrar polenta, guarde, mãe, para mim, que comerei depois. Obrigado, mãe, por ter feito. Está deliciosa!

Depois de almoçar, o moço voltou ao quintal e colocou o esguicho no galinheiro, no qual fez um furo; assim, pelo furo, enchia uma bacia para as aves tomarem água; colocou todo o milho debulhado numa lata grande e também a furou; assim, o milho descia conforme as galinhas comiam; deixou a porta do galinheiro entreaberta, de modo que as aves entravam e saíam. Quando ele terminou, se lavou e voltou a comer. A menina dormiu e os quatro se sentaram na sala.

— Espero que amanhã possamos ir embora — desejou a moça.

Todos concordaram.

— O senhor, homem, desistiu mesmo de matar o assassino? — a mãe quis ter certeza.

— Sim, desisti — respondeu o homem. E a indagou: — E você, irá mesmo embora?

— Sim, irei — afirmou a mãe.

— Vou lhe dar um conselho — disse o homem —: chegando na sua cidade, passe um telegrama, estes recebemos logo, para Serafim, comunicando que não pôde ir e que escreverá explicando. E escreva logo, diga que não foi por estar doente. Serafim detesta mulheres doentes.

— Foi por isso que ele me perguntou, e por três vezes, se eu estava bem de saúde — Mila o interrompeu.

— Escreva que é grave — o homem continuou a opinar —, assim Serafim não irá procurá-la e você se livra desse problema.

— Se é para aconselhar, quero fazê-lo — manifestou a moça. — Mãe, além de se dar valor, cuide também de seu físico e do de sua filha; vá, quando for possível, ao dentista, cuide dos dentes e não tinja mais seus cabelos, você os pinta de preto; não os alise mais, compre xampus, cremes e os deixe naturais, ficarão melhor, e você, mais bonita; também cuide dos cabelos de sua filha, ela os tem cacheados e, com eles compridos, pesarão e ficarão lindos. E, na próxima vez que se relacionar, escolha alguém usando o raciocínio, faça de tudo para perceber se é uma boa pessoa e se pode dar certo. Lembre-se: você merece o melhor.

— Obrigada! — agradeceu Mila. — Farei isso. E você, moça, deixe sua bondade, porque você é uma pessoa boa, transparecer, se ame também. Que o conselho que me deu sirva para você: quando se relacionar de novo, escolha bem.

— Moça — o homem quis opinar —, por aqui infelizmente também existe preconceito, você pode agir diferente do que está acostumada em relação a vestir, agir, de modo a não agredir, não precisamos mostrar o que somos pelo exterior, mas sim mostrar mais o que somos interiormente. Não precisa se mostrar tão masculina. Desculpe-me, não quero ofendê-la.

— Não me ofendeu — a moça foi sincera —, percebi que estava fazendo isso, queria agredir, e tem razão: o exterior não precisa mostrar o interior.

— Deixe seus cabelos crescerem — aconselhou Mila. — Use-os mais longos, você tem as orelhas furadas, coloque brincos, passe batom, compre algumas roupas mais femininas. Assuma esse emprego com entusiasmo e faça tudo para ser simpática. Dará certo. Ninguém fica bem esperando agressões e as revidando. Você merece ser feliz e será!

— Obrigada! Vou seguir esses conselhos — a moça expressou demonstrando estar tranquila.

— Quero propor uma coisa — disse o homem —: já que decidimos e fizemos, devemos prometer não contar a ninguém o que ocorreu aqui; ninguém, além de nós, deve saber. Porque, se alguém de nós contar, esse assunto for de conhecimento de outras pessoas e a polícia investigar, ele próprio será o encrencado, porque nós não sabemos nem os nomes um do outro.

— Concordo — disse o moço —, devemos guardar para nós, somente para nós, o que ocorreu aqui. Se precisar, eu até juro.

— Não precisamos jurar — opinou a moça —, somente ficarmos cientes de que não devemos falar.

— Eu não falarei — afirmou a mãe.

Todos concordaram e prometeram não falar, e para ninguém, o que houve naquela casa durante a enchente.

O rádio voltou a transmitir, começou dando notícias das cidades da região, todas tiveram estragos pelas chuvas fortes, houve desmoronamento e pessoas morreram. Após, deram notícias dos rios que estavam abaixando e que as balsas voltariam logo a funcionar. Todos os cinco escutaram atentos. Alegraram-se ao escutar que a passarela de pedestres sobre o rio menor não fora danificada, que já aparecia, porém o locutor alertou que deveriam ter cuidado ao atravessá-la, porque a correnteza ainda estava forte.

Escutaram a sirene.

— As balsas voltaram a funcionar — disse o homem contente. — Poderemos ir embora amanhã. Sairemos cedo.

— Se o senhor, homem, acha que pessoas depredarão essa casa, pegarão tudo, eu posso pegar algumas coisas? Vim para cá somente com a roupa que vestia, que estava molhada, vesti uma do Zé Di. Não posso levá-las? Pegar algumas para mim?

— Por que você pergunta para mim? — indagou o homem. — Não sou dono de nada. Mas, já que o fez, respondo: pegue para você tudo o que quiser. Vocês duas concordam?

— Sim — responderam juntas as duas mulheres.

— Sendo assim, irei levar — afirmou o moço. — Vi no quarto um saco grande e uma mochila, neles colocarei as roupas, sapatos e até o rádio. Obrigado por me darem.

— Por que nos agradecer? — a moça quis saber.

— Se estamos — respondeu o moço — nós cinco aqui, e o que tem na casa não é de ninguém e será de quem pegar, poderia então ser de nós cinco; vocês, me dando, sinto que não estou me apropriando de nada de ninguém, me sinto melhor, podem acreditar que me será de grande valia.

— Leve tudo o que quiser e fique em paz! — disse o homem. — Zé Di não irá mais precisar. Você precisa! Compreendendo o que está acontecendo aqui neste momento, concluo que nada é de fato nosso, tudo de material muda de mãos. Pegue, moço, tudo o que quiser, eu não quero nada.

— Nem eu! — exclamou Mila.

— Eu muito menos — afirmou a moça.

— Então está decidido, vou agora pegar tudo o que quero. Obrigado a vocês e ao Zé Di!

As mulheres fizeram comida, enquanto o moço pegou para ele tudo o que queria levar. Jantaram e brincaram com a menina, que lembrou:

— E o jogo? Quem ganhou?

— Que jogo? — perguntou o moço.

— Dos nomes — lembrou a filha.

— Vamos saber quem ganhou — decidiu a moça. — Iremos escrever o que achamos num papel e, com os nomes escritos, cada um, ao ler, colocará certo ou errado. Não poderemos falar nada e aquele que tiver mais acertos ganha. Eu vou escrever: o homem chama tal; o moço, isso; a mãe, aquilo. Não podemos escrever o próprio nome, mãe e filha não devem, nos escritos delas, pôr seus nomes. Certo?

Todos escreveram e passaram os escritos. Colocaram certo. A menina ganhou. Os outros três deram certo para ela sem que acertasse. A criança se alegrou, deu até uns pulinhos.

— Eu ganhei! Sabia que ganharia! Sou boa em jogos. O que ganho?

— Como aqui não tem onde comprar — Mila explicou —, todos me darão dinheiro e eu comprarei algo para você quando chegarmos à cidade.

A menina concordou, e Mila agradeceu:

— Irei comprar algo para ela. Obrigada! Minha filha ficou contente!

Riram.

Resolveram dormir cedo para também acordar cedo no outro dia.

CAPÍTULO 7

A PARTIDA

Acordaram cedo, o dia estava muito bonito, poucas nuvens no céu e o sol brilhando.

Ao abrir a porta da área dos fundos, os cinco suspiraram aliviados. Mila fez o café, o moço colocou milhos e ovos para cozinhar. A menina tomou leite.

— Levarei os restos dos alimentos, como: pó de café, leite em pó, açúcar, arroz e feijão — decidiu o moço.

Mila lavou as louças e os cinco se organizaram para partir.

"É uma pena me despedir deles", pensou Mila, "são pessoas que queria como amigos".

"Irei sentir falta deles", concluiu o homem. "Gostaria de saber depois o que aconteceu com eles, ter notícias. Mas é melhor que seja assim."

"Nem os nomes deles sei, mas sentirei saudades", deduziu a moça.

"Gostaria de manter contato com os outros três, porém entendo que é melhor nos separarmos, e será com certeza definitivo. Não saberei o que acontecerá com eles", pensou o moço.

— Eu e a moça — o homem lembrou o que haviam planejado — iremos pelo mesmo caminho, atravessaremos o rio menor e depois cada um irá para um lado. Não temos horário, mas vocês, mãe e moço, têm horários. Devem ir até o ponto, comprar as passagens e ficar atentos às partidas, pegarão balsas diferentes. Sugiro sairmos os cinco juntos, fecharemos a casa, a chave deve ficar na porta, apagaremos o fogo do fogão. A moça e eu iremos pela estrada do lado esquerdo da casa, eu levarei para ela a mala e, antes de chegarmos à passarela, darei a mala para ela, ninguém deve nos ver juntos. Após atravessarmos a passarela, se não tiver ninguém pela estrada, ainda carrego para ela a mala por alguns metros, depois devemos nos distanciar. A mãe, a filha e o moço seguirão pela estrada em sentido contrário ao meu e ao da moça, irão juntos, o moço ajuda com a mala, porém perto do ponto, ou porto, separem-se e não se encontrem mais.

— Separaremo-nos! — lamentou o moço. — Sinto, gosto de vocês.

— É a vida! — expressou o homem.

— Será de fato uma separação, com certeza não nos encontraremos mais — a moça falou com tristeza.

— Eu os levarei na lembrança. Desejo a todos paz e sucesso. Também sinto por essa partida. Vamos em paz! — desejou a mãe.

Com tudo arrumado, saíram da casa, a menina colocou sua mochila nas costas; Mila pegou a mochila do moço e as duas sacolas, a dela e do moço, com alimentos, que eram os milhos, ovos cozidos e frutas. A moça levava sua mochila, e o homem, a dele e a mala dela. A porta foi fechada, o homem colocou a chave num prego na porta. Simplesmente se olharam, somente a menina disse "tchau", o homem e a moça responderam, saíram da área e foram para a estrada; lá, dois foram para um lado, e os outros três, para o outro.

O homem e a moça andavam de forma cadenciada, não havia ninguém pela estrada. Não conversaram. Ao escutar o barulho das águas do rio, o homem deu a mala para ela e fez sinal para a moça ir à frente, que tomasse a dianteira.

A moça parou em frente ao rio, não viu ninguém, a passarela lá estava e, como fora anunciado, a correnteza estava ainda muito forte. O homem aproximou-se dela:

— Irei na frente, levo a mala para você; após eu atravessar, você atravessa.

Pegou a mala com uma mão e, com a outra, segurou a corda e atravessou. Vendo-o do outro lado, a moça atravessou. Não vendo ninguém, o homem continuou com a mala da moça por mais alguns minutos, depois ele decidiu:

— Aqui você, moça, irá na frente. Tome sua mala. Siga o seu caminho. Adeus!

— Adeus e obrigada!

A moça pegou a mala e foi andando, não olhou para trás. Pelo que ouvira do homem, ele com certeza iria seguir por outro caminho. Quando viu a cidade, ela olhou para trás e não viu o homem.

"Pronto, Isadora! Você agora está sozinha! Sozinha como sempre? Não, estou melhor, acompanhada de otimismo e esperança", riu. "A menina pensou que eu me chamo Renata. Será que tenho cara de Renata? Temos cara ou jeito de um nome?"

Entrou na cidade, perguntou pelo ponto de ônibus, indicaram, era um bar. Ela se dirigiu para lá, entrou e indagou, soube que teria ônibus, o que queria, somente no outro dia às oito horas e trinta minutos. Perguntou por um hotel, indicaram, foi, alugou um quarto, tomou um banho demorado e depois saiu. Foi almoçar e comprou coisas para ela: dois pares de brinco, colocou um; maquiagens, passou batom; duas blusas bem femininas; esmaltou as unhas num salão de cabeleireiro e acertou as sobrancelhas.

"Nem quero ver o resultado, com certeza fiquei melhor."

Após o jantar, deitou-se no leito, esticou-se e dormiu. No outro dia, após o café da manhã, foi para o ponto de ônibus, este chegou e ela embarcou.

"Sigo viagem com atraso de três dias. Foi a enchente! Enchente que não esquecerei. Foi uma aventura! E uma pergunta sem responder: Quem matou o Zé Di? Penso que pode ser qualquer um de nós quatro. Mas quem? Penso que o mais provável seja o homem. Ele saiu de sua casa para viajar, talvez tenha planejado por muito tempo, e a chuva forte iria ajudá-lo, pois, como soubemos, pessoas morreram nas enchentes, isso despistaria o sumiço de Zé Di, mas o homem se encontrou com pessoas no caminho, deve ter matado e tentado ir embora; como não conseguiu, voltou, viu pessoas na casa e resolveu ficar e ter quem o ajudasse a esconder o corpo. Zé Di deve ter matado a filha dele, e o homem se vingou. Que história triste! Bem..." Isadora desejou para si mesma: "Vou me esforçar e fazer o que planejei naquela casa, junto com aquelas pessoas, de quem nem sei os nomes, mas que gostei".

O ônibus ia devagar, na estrada de terra havia muitos buracos e lama, depois o ônibus seguiu por uma rodovia asfaltada, foi um alívio. Houve paradas e chegou ao seu destino à tarde. Foi para um hotel, descansou e no outro dia cedo foi ao endereço onde estava marcado o encontro. Foi bem recebida, conheceu pessoas, já quis começar os treinos no outro dia e conhecer os jovens. Isadora estava entusiasmada.

O homem ia pela estrada e olhava de vez em quando a moça à sua frente. Parou e ficou atrás de uma árvore até não vê-la mais, então caminhou por mais um trecho e pegou outro caminho, outra estrada, aí andou depressa.

"Não irei comentar minha estadia naquela casa. O que ocorreu lá foi algo inacreditável. Cinco pessoas na casa e um morto, o dono dela. Tudo leva a crer que ele foi assassinado, o enterramos, eu ajudei. Despedimo-nos sem saber quem eram os companheiros de hospedagem, nem os nomes. Mas alguém o matou. Gostei de todos eles, mas um deles é o assassino. Queria que o moço tivesse razão, que foi alguém diferente, nenhum dos cinco. Porém penso que foi a mãe, ela escondia algo, e este algo foi o assassinato. Ninguém pela redondeza sabia quem era de fato Zé Di. Ele chegou, comprou aquelas terras, se instalou. Será que a mãe não o conhecia? Não foi atrás dele, discutiram e ela o matou? Ou a mãe foi defender a filha? Talvez o Zé Di a quis estuprar. Se foi isso, foi bem feito. Quisera eu ter podido defender minha filha. O melhor é esquecer o que ocorreu na casinha à beira da estrada. Zé Di não tinha ninguém, com certeza não fará falta. É triste não fazer falta a ninguém."

Chegou ao seu sítio, sentiu seu coração bater rápido, parecia que fazia muito tempo que se ausentara. Lembrou que, quando saíra para viajar, o fizera se despedindo. Rever tudo o alegrou. Dois netos, ao vê-lo, correram para abraçá-lo; ele os abraçou com carinho. Gritou à esposa, que veio e, ao vê-lo, se alegrou:

— Graças a Deus, Tião, você voltou! Estive muito preocupada com você fora de casa com tanta chuva. Você está bem?

— Estou, sim. Aqui houve estragos?

— Pouca coisa — informou a esposa e o abraçou.

O filho veio vê-lo, e o homem, Sebastião, que todos chamavam de Tião, contou:

— Fui à cidade, aí a chuva veio forte; no armazém, houve estragos e não foi possível nem conversar com eles, resolvi vender o milho por aqui mesmo. Tive de ficar na cidade porque as balsas pararam, hospedei-me numa pensão. Foi um alívio vir embora.

Tudo explicado. Sebastião olhou para todos eles, sentia-se contente por estar de volta, aliviado e os amava. A esposa, ao servir o almoço, comentou:

— Tião, hoje é a missa de sétimo dia de Leonor, minha prima. Quero ir. Pedi para nossa nora me levar à missa, que será às dezoito horas, mas nossa nora não pareceu gostar da ideia.

— Diga a ela que eu levarei você — disse Tião.

— Você? Ficará, enquanto eu estiver na igreja, pela cidade?

— Não, irei à missa — afirmou Sebastião. — Vou voltar a ir à igreja, quero fazer as pazes com a religião, com Deus.

— Meu velho! Que alegria! — a esposa de Sebastião se emocionou e encheu os olhos de lágrimas.

— Sim! Quero voltar a frequentar a igreja, orar e estar em paz. Podemos ir um pouco antes? Ir às dezessete horas? Quero, antes, conversar com Deus, pedir perdão a Ele e voltar a ser religioso.

— Tião, que alegria! Vamos, sim, e lembro: Deus nos perdoa sempre. Mas por que mudou de repente?

— Penso que foi pela enchente, por eu ter ficado três dias longe de todos, pensei muito e concluí que algo me foi tirado, mas que eu ainda tenho muitas coisas.

Foram à igreja; como chegaram mais cedo, não havia ninguém, Sebastião se ajoelhou e conversou com Deus:

"Senhor Deus! Pai de todos nós! Perdoa-me! Eu lhe peço perdão pela minha ignorância. Revoltei-me com o Senhor e, na minha revolta, O culpei. Deve haver motivos para ter acontecido aquilo com minha filha. Cuide dela para mim e me perdoe!"

Sebastião suspirou profundamente, sentiu uma paz o envolvendo que o tranquilizou, lágrimas escorreram pelo rosto, mas seu choro foi de amor. Alegrou-se. Participou da missa.

O moço caminhou ao lado da mãe e da filha. Levava um saco com roupas que pegara do ex dono da casa e a mala da mãe. Estava esperançoso, queria mesmo ir embora, e para não mais voltar por aqueles lados. Porém, sentiu por se separar do grupo, fazia muito tempo que não convivia com pessoas boas, que não o criticaram e o trataram bem.

"Se pudesse, queria tê-los, os quatro, como amigos. Espero que todos fiquem bem: nós, os vivos; o morto; e até o assassino dele. Quem será? Espero, queria, que seja alguém que desconhecemos. Mas, se foi um de nós, talvez seja a moça. Ela estava revoltada, o Zé Di talvez tenha tentado estuprá-la, ela reagiu e o matou sem querer. O melhor que eu tenho a fazer é esquecer esse fato. Nunca irei falar dele a ninguém, o que eu farei é lembrar dos conselhos que escutei e do meu propósito."

Perto do posto, ou ponto, das embarcações, o moço deu a mala para a mãe, pegou sua mochila e sacola, e andou na frente, somente fez um aceno para a menina, que sorriu. Ao chegar, foi direto aonde vendiam as passagens e comprou a sua. Foi informado de que a balsa que ia pegar sairia em vinte minutos. Procurou um canto para ficar e esperou. Quando a embarcação que deveria pegar chegou, entrou rápido, ocupou um lugar e ficou quieto com os dois sacos e a mochila ao seu lado.

"Pronto, Izequiel, agora vida nova!"

Após duas horas, a balsa fez um tempo menor porque ia a favor da correnteza, chegou ao seu destino.

Izequiel desceu, procurou se informar onde poderia se hospedar e foi a uma pensão perto; no quarto, alimentou-se com o que levara; após, tomou um banho demorado e foi para o endereço que lhe indicaram para procurar emprego. Foi orando.

Lá, conversou com o encarregado da obra e ficou empregado, começaria no outro dia.

Após três dias prestando muita atenção no trabalho e o fazendo bem-feito, foi de fato contratado e ele pôde ficar no alojamento. Instalou-se, organizou-se e então foi procurar um templo evangélico para frequentar. Foi em dois e não se adaptou. Um colega indicou um; Izequiel foi, gostou e passou a frequentá-lo. Estava contente, agradecido, e evitava pensar no que ocorrera naquela casinha e na enchente.

Mila, Emília, e Giovana, mãe e filha, andavam pela estrada tentando acompanhar o moço. Foram calados, embora andando perto; Mila estava atenta, pois ele carregava sua mala. Ao avistar o ponto, ou porto, das embarcações, sentiu-se aliviada por trocar os pertences. . Separaram-se, ela viu o moço comprar a passagem e ir para um canto. Mila também comprou as passagens e soube que teria de esperar por quarenta minutos sua embarcação, que viajaria no sentido contrário ao da correnteza e estava demorando mais. Foi ao bar, sentou-se com a filha, colocou a mala entre suas pernas, tomaram refrigerantes e comeram pães.

— Que gostoso comer pão! — exclamou Giovana.

Emília concordou; de onde estava, viu o moço entrar na balsa, e esta partir.

"Com certeza", pensou Emília, "nunca mais irei vê-los. Pena! Gostei de fato deles. Porém um deles é o assassino. Quem?

Pergunta sem resposta. Estou somente no achismo. Para mim foi o moço. Não queria que fosse ele; pelo que nos contou de sua vida, já sofreu muito. Espero que o moço não faça mais nada de errado, que seja honesto. Mas um crime aconteceu; pela lei de Deus, esse ato está marcado em quem o fez. Poderia ter sido alguém diferente, não ter sido nenhum dos três, nenhum de nós".

Esperou por uma hora, a balsa que viajaria chegou, ela e a filha se acomodaram. Não havia muitos passageiros, mas, mesmo assim, Emília ficou atenta, colocou a mala, a mochila e a sacola com alimentos numa cadeira ao lado e observou o local. A balsa partiu. Um moço passou vendendo muitas coisas. Emília comprou revistinhas para colorir e um jogo para a filha, que gostou e foi brincar.

"Assim ela se distrairá, a viagem é longa!", pensou Emília.

Emília também tentou se distrair, pegou na sua bolsa uma folha de papel e lembrou: "Fui a uma palestra no centro espírita, gostei muito do que o palestrante falou; quando terminou, eu o cumprimentei e pedi a folha em que ele anotara os itens que abordaria na palestra. Lembro que o palestrante estranhou e comentou: 'É somente um lembrete, escrevi alguns itens que eram para ser falados. Se quiser, pode ficar'. Peguei e tenho guardado comigo".

Emília lia uma frase e recordava:

"O palestrante começou a palestra com uma pergunta: 'Por que sofremos? As respostas são várias, mas vamos focar nas que escutamos entre os espíritas. A maioria diz ser por reações, erros cometidos em outras vidas, que são os resgates por decisões equivocadas dessa encarnação que nos podem causar problemas, dificuldades e até sofrimentos. Explico: sabendo que a pessoa não é boa, que tem vícios, casa-se com ela ou ele, arrisca-se a ter um casamento desastroso, e as consequências desagradáveis acontecem. Embriaga-se e tem câncer no fígado, quem fuma adoece o pulmão, quem rouba vai preso e tem uma estadia ruim na prisão etc. Erros cometidos ficam gravados em nosso espírito, na memória espiritual, e o retorno vem, às vezes de imediato, outras vezes depois de tempos, podendo assim se sofrer por ações erradas do passado, de outras vidas. Ao fazermos algo maldoso agora, o retorno virá nesta mesma encarnação ou nas futuras, mas virá, se não for anulado pelo bem que fazemos ou pelo amor. A plantação é de cada um, e a colheita será do que plantou. E podemos, pela bondade de Deus, pelo livre-arbítrio, ter opção do que plantamos, escolher a boa semente, o bem, então a colheita será de coisas boas. Sábio é aquele que planta o bem. Mas voltemos à indagação: Por que se sofre? Muitos esquecem que Allan Kardec, no seu estudo sério de pesquisas, classificou nosso planeta de: Terra de Provas e Expiações. Colocou provas na frente. Muitas provas nos causam dificuldades. Explico: quero provar a mim mesmo que sou capaz de perdoar. Afirmo na teoria que perdoo sempre, mas o farei na prática? Se desculpo pequenas ofensas com certeza estarei apto a perdoar as grandes. Se fiz as provas como um aluno aplicado na sala de aula, a Terra é uma grande escola; se fui, durante o ano letivo, ou numa encarnação, desculpando sempre até o ponto de não me ofender mais com uma maldade, não preciso passar mais por provas. Se a prova é a do perdão, tem estudado na teoria, quer fazer o teste na prática e poderá sofrer uma maldade maior, algo que lhe causará dores e, se perdoar, passará na prova e isso o deixará em paz e feliz. Se não passar, repetirá de ano, terá de ser provado numa outra encarnação. Assim é contra todos os vícios, como:

sofrer sem reclamar; ser útil mesmo doente, deficiente; ter oportunidades de errar e continuar sendo honesto etc. Provas maiores nos causam dificuldades, porque aquele que sofre numa prova não aprendeu quando o amor o quis ensinar. Não devemos nos esquecer que as provas escolhidas podem nos causar sofrimentos. E se sofrermos pelo resgate, aprendermos a lição e compreendermos que estamos quites com nós mesmos, é maravilhoso. Não ter ações negativas é estar em paz e cientes de que devemos progredir e amar cada vez mais'".

Emília suspirou e continuou a pensar:

"Eu recentemente fiz uma escolha: ia morar com Serafim sem ter certeza de que daria certo, não devia ter feito isso. Porém a estadia naquela casa foi muito proveitosa para mim. Se sofresse, teria sido por uma má escolha".

Leu o resumo do palestrante e repetiu algumas frases anotadas: De *O Evangelho segundo o Espiritismo*, capítulo cinco, "Bem-aventurados os aflitos", item nove, "A expiação serve sempre de prova, mas a prova nem sempre é uma expiação". Capítulo vinte e oito, "Coletâneas de preces espíritas", item trinta, "Submissão e resignação": "Quando sofremos uma aflição, se procurarmos a sua causa, encontraremos sempre a nossa própria imprudência, a nossa imprevidência, ou alguma ação anterior". Continuando no capítulo vinte e oito, "Preces pelos doentes e os obsedados", item setenta e sete, "É necessário, pois, que nos resignemos a sofrer as consequências do meio que nos situa à nossa inferioridade até que nos façamos dignos".

Emília dobrou novamente o papel, o guardou na bolsa e determinou:

"Irei, logo que me for possível, ao centro espírita, irei frequentar e me tornar religiosa, quero pegar emprestado *O*

À Beira do Caminho - 93

Evangelho segundo o Espiritismo para ler, e não somente irei lê-lo, mas estudá-lo, com certeza aprenderei muito, e esse conhecimento será o meu consolo e a seta no meu caminho."

A viagem, embora cansativa, transcorreu sem problemas. Emília ficou atenta à sua bagagem. Demorou mais do que o previsto por causa da correnteza forte. Elas comeram o que levaram: frutas, ovos e milho cozidos. Chegaram à tarde, às dezesseis horas e vinte e cinco minutos. No porto, pegou um táxi e foi para a rodoviária, queria saber os horários de ônibus para a cidade que queria. Lá, foi informada de que o ônibus sairia às cinco horas e quinze minutos no outro dia. Resolveu ficar na rodoviária, jantou num restaurante perto e, após, voltou, acomodou-se num banco num local onde tinha mais movimento e fez a filha deitar e colocar a cabeça no seu colo; pegou seu cinto, uma ponta amarrou na alça de sua mala e a outra no seu pulso.

"Se me roubarem a mala, fico realmente sem nada. Aí está meu recomeço. Estou gastando todo o dinheiro que Serafim me deu e que eu arrecadei com a venda de alguns móveis que vendi. Devo me proteger."

Não dormiu, passou somente por cochilos, a filha dormiu. Acordaram antes das cinco horas, tomaram café no bar da rodoviária e foi um alívio acomodarem-se no ônibus, mas teve de deixar a mala no bagageiro. A viagem era longa, mas transcorreu sem problemas. Giovana era de fato uma criança comportada e tentava compreender e aceitar os incômodos da viagem. Houve paradas; em duas desceram para ir ao banheiro, e em outra, para se alimentar. Chegaram às doze horas. Desceram do ônibus e pegaram um táxi, Emília se sentiu aliviada. Foram para a casa de Ritinha.

Ritinha se alegrou, e muito, com a volta das duas. Essa senhora as queria bem. Ritinha tinha duas filhas que não lhe davam importância, atenção para ela, a visitavam raramente. Emília explicou:

— A enchente no rio nos impediu de viajar, fomos até a metade da viagem, aí pensei bem e voltei. A senhora não nos deixa ficar aqui por uns dias?

— Claro! Senti muita falta de vocês duas e estou alegre por terem voltado — expressou Ritinha.

Mila colocou a mala no quarto, saiu e comprou almoço para as três; após, foi ao Correio. Passou um telegrama para Serafim dizendo que não pôde ir e que escreveria explicando. Comprou perto papel e envelope e escreveu para ele comunicando que dias antes da viagem desmaiara, fora para o hospital e, após exames, constatara estar muito doente e ser grave. Pediu desculpas e afirmou que não poderia ir mais. Selou a carta e a colocou no correio. Voltou para a casa após ter feito compras. Na casa, abriu a mala, colocou o que pegara dele, do Zé Di, embaixo do colchão e foi lavar as roupas. Depois conversou com Ritinha:

— Estávamos indo para encontrar Serafim. A enchente nos impediu, tivemos de ficar abrigadas numa casa, foi muito prazeroso. Foi lá que decidi retornar.

— Giovana me contou que até brincaram com ela e que ganhou o jogo dos nomes. Ainda bem que vocês ficaram bem com a enchente. Por aqui também choveu muito, mas não houve estragos — contou Ritinha.

— Aconteceu uma coisa muito boa! — Emília mentiu. — Comprei um bilhete de loteria e ganhei, amanhã irei ao banco pegar o prêmio, irei deixar o dinheiro depositado, penso que dará para eu comprar uma casinha. Vou procurar e com certeza arrumarei emprego, estou entusiasmada e resolvida a ficar bem.

— Que bom, Emília! Que bom! Graças a Deus! — exclamou Ritinha.

Jantaram e foram dormir. Mila acordou de madrugada e, sem fazer barulho, tirou o pacote e os papéis que pegara, contou o dinheiro, era muito, pelo menos para ela, e viu as ações.

"Não sei se estas ações valem muito, são de uma empresa conhecida."

Guardou-os de novo e, no outro dia, no horário em que os bancos abriam, Mila colocou tudo numa mochila, pediu para a amiga olhar a filha e foi para o banco.

"Se o gerente quiser saber onde peguei isso, irei falar que foi um tio que me deu ou um pai, que pensava ter morrido, que me procurou e me deu."

O gerente contou o dinheiro, a orientou a vender as ações, o banco faria essa transação para ela e, quando ele falou a quantia que receberia, Emília se esforçou para não demonstrar espanto.

— Podemos vender as ações porque elas estão ao portador — explicou o gerente.

Emília concordou e se sentiu aliviada pelo gerente não ter indagado nada. Decidiu que o dinheiro ficaria depositado. Saiu do banco e foi a uma imobiliária, viu as casas pelo bairro que estavam à venda. Foi em duas e optou por uma. Levou à tarde Ritinha e Giovana para ver, elas gostaram e era perto de onde a amiga morava. A casa tinha dois quartos, sala, cozinha, um banheiro, um pequeno quintal, a frente era com grade, tinha uma garagem e um pequeno canteiro.

Emília passou a escritura três dias depois e, nesses dias em que esperou, comprou móveis, eletrodomésticos, roupas para elas e uma boneca que há tempos a filha queria.

Havia, antes de sua viagem, participado de um processo seletivo para trabalhar na cozinha de uma escola perto. Emília foi lá e, de cabeça erguida, com entusiasmo, conversou com a diretora, que gostou dela e a empregou.

Mila estava feliz e agradecida, matriculou Giovana nessa escola, e a diretora, ao ver a certidão de nascimento das duas, Mila tinha somente esse documento, se propôs a ajudá-la a tirar outros, como a carteira de trabalho, porque necessitaria para registrá-la.

Mila foi ao centro espírita, assistiu a palestra, recebeu o passe, planejou e se organizou para frequentá-lo. No domingo pela manhã, tinha a Evangelização Infantil, e os pais poderiam ficar estudando em outra sala. Matriculou-se com Giovana. Pegou no centro espírita *O Evangelho segundo o Espiritismo*, de Allan Kardec, para ler.

Mudou-se para a sua casa, se instalou. Sobrou dinheiro, que deixou aplicado no banco, pensando em não gastá-lo e viver de seu ordenado. O resto do dinheiro seria para uma eventualidade ou necessidade.

Acomodadas na sua casa nova e gostando do emprego, Mila estava em paz e contente.

CAPÍTULO 8

O DESENCARNADO

A casa ficou silenciosa, escura sem os cinco, mas um ser permaneceu, um desencarnado. Era Genilson, que, ao vê-los partir, fecharem a casa, se entristeceu, sentiu a despedida. Esteve com eles quase todo o tempo em que ficaram ali, gostou de todos, como um gostou do outro. Se eles sentiram se separar, ele também, talvez mais porque ficou sozinho.

Genilson sentou num canto na sala; embora tenha decorado tudo o que havia ali, observou todos os detalhes. Pensou:

"Aqui reunidos, cada um contou sua vida. Todos têm história, eu também tenho a minha", suspirou, e as lembranças vieram.

"Nasci e vivi nesta região, com certeza fui o filho problema. Desde pequeno era inquieto, fazia muitas coisas indevidas, era diferente dos meus irmãos, e meus pais tentaram me educar.

Adolescente, enturmei-me com outros rapazes como eu, afins. Estávamos sempre fazendo alguma 'coisa indevida', como minha mãe dizia. Íamos a bailes, festas pela região, brigávamos, estávamos sempre arrumando confusão. Agora, aqui sozinho, reconheço o tanto que fui irresponsável. Ia à casa dos meus pais para tomar banho, me alimentar e às vezes para dormir. Trabalhava de vez em quando, isso para ter dinheiro para minhas farras. Vimos e conhecemos José Diogo por acaso, o vimos na cidade fazendo compras, indagamos e soubemos dele: que era uma pessoa reservada, conversava pouco, viera de longe, ninguém sabia de onde; comprara um sítio, um pequeno pedaço de terra, lá fizera uma casinha, plantava, ele trabalhava na terra e, sozinho, não tinha envolvimento com ninguém, não se relacionava com mulheres. Uma tarde, ao vê-lo, mexemos com ele, que revidou. Gostamos. Passamos a gostar de mexer com ele. Fomos por duas vezes à frente da casa dele, aqui, e cantávamos canções modificadas gozando dele, o ofendendo. Essas brincadeiras, agora reconheço serem ofensivas, continuaram por oito meses, e Zé Di não revidou mais, porém percebíamos que ele sentia. Julgamos que ele fosse homossexual por ele não se relacionar com mulheres, não frequentar o prostíbulo. Continuamos a farrear, a aproveitar a vida, como costumávamos dizer. Uma tarde vimos o Zé Di, nós o chamávamos de Dioguinho, acabando de fazer suas compras e indo embora. Naquele dia ele se atrasara, normalmente ia à cidade mais cedo. Nós o vimos ir para a estrada. Convidei os amigos para ir atrás dele, eles não quiseram. 'Então eu vou', disse. Deixei os amigos e fui para a estrada. Estava escurecendo e logo se fez noite. Alcancei-o, o ofendi e o fiz de forma maldosa, reconheço isso agora. Zé Di não falou nada, aproximei-me dele e tentei abraçá-lo; ele, rápido, pegou uma faca que trazia na cintura e me atingiu no pescoço. Cortou minha artéria. Não acreditei no que acontecia; assustado, senti meu sangue esguichar, tonteei. Zé Di limpou sua faca na minha roupa e me empurrou, caí de costas. Eu o vi se afastar, andou depressa. Fiquei ali atordoado, sentindo dores, vendo meu sangue escorrer pelo meu corpo e cair no chão. Fiquei caído, sem conseguir me mexer, passei por dormência, desejando que alguém me encontrasse ou que Zé Di me socorresse. Agora me pergunto: Eu merecia que Zé Di me socorresse? Eu, no lugar dele, socorreria? Não, eu não o faria. Quando clareou, ouvi um homem falar: 'Meu Deus! É o Genilson, e ele está morto!'. 'Morto, eu? Claro que não! Socorro!', tentei falar, mas não escutei a minha voz nem o homem me ouviu. Esse homem saiu correndo e logo voltou com várias pessoas. Fiquei os escutando, comentaram: 'Genilson faleceu, foi com certeza assassinado. Cortaram o pescoço dele'. Senti que me pegaram, fui carregado, me levaram para a delegacia, um médico me examinou e afirmou que de fato estava morto e havia algumas horas. Meus pais choraram no velório, meus amigos sentiram e ficaram com medo, eu os escutei dizer que iam mudar porque senão o fim deles seria como o meu. Algumas pessoas oraram por mim; quando isso ocorria, sentia alívio. O padre veio dar a bênção, e então meu espírito saiu do corpo. Fiquei perto do caixão olhando tudo e todos. Um desencarnado que vagava por ali riu de mim; debochando, me disse: 'Genilson, rapaz sem compostura, irresponsável, você morreu! Sim, faleceu, olhe seu corpo no caixão, você é um espírito e usou esse corpo, que agora está mortinho. Você sobreviveu'. 'O que faço agora?', perguntei a ele. 'Continue vivendo, oras! Se quiser, venha comigo.' Fui, sentia-me triste, perturbado, ele me ajudou a sentar num banco em frente ao velório e fiquei olhando o meu enterro. Encostei-me no banco e dormi. Acordei, penso que era no outro dia, mas posso ter dormido mais tempo. Pensei no que me acontecera e me indaguei: 'Será que estou sonhando? Estarei mesmo morto?'. Resolvi procurar minha turma, calculei que, naquela hora, vi pelo lugar do sol no céu, eles estariam num bar. Fui para lá. Mas eles não estavam. Escutei o dono do bar conversar com uma senhora, uma cliente, eles comentavam sobre o que me acontecera, ele disse: 'Genilson morreu, era meu cliente, eu não gostava dele nem de sua turma, tinha medo deles. Penso que até demorou para um deles morrer, estavam sempre metidos em brigas. Um deles, da turma, veio aqui, me pagou o que eles deviam e me disse que eles não virão mais farrear como costumavam, resolveram ser pessoas honestas'. A mulher perguntou: 'Sabem quem o matou?'. 'Podem ser muitas pessoas. Os amigos disseram que Genilson despediu-se deles dizendo que ia atrás do Zé Di. O delegado indagou o Zé Di, e ele afirmou que não viu Genilson nem ninguém na estrada aquela tarde. E o crime ficará sem solução. Não dá certo ofender, mexer com as pessoas, nunca se sabe o que o outro pode fazer, do que são capazes. Os pais de Genilson sofreram, mas penso que nem tanto, talvez eles esperassem que algo assim acontecesse com o filho, eu mesmo já tive vontade de bater neles ou até de matar um deles. Eram terríveis! Para jovens como eles, o futuro é a prisão ou o cemitério!' 'O senhor não está exagerando?', perguntou a senhora. 'Não sei, mas era eu quem aguentava os desaforos deles.' Não quis ouvir mais, sentei-me no beiral da porta do bar, anoiteceu e de fato não apareceu nenhum dos meus amigos, resolvi ir para a casa dos meus pais. Entrei, vi meus pais tristes, e uma das minhas irmãs estava com eles, comentavam o que acontecera comigo. Ouvi da minha irmã: 'Não quero vê-los mais tristes; com a morte de Genilson vamos ter sossego, ele nos envergonhava, somente nos dava problemas, *e os senhores já sofreram muito por ele. Não é porque morreu que ele agora virou bom, Genilson não era, e que Deus tenha piedade dele'. Meus pais concordaram. Agora entendo que os fiz sofrer e que os envergonhava com as minhas atitudes, fui expulso de escolas e parei de estudar na terceira série; adolescente, me tornei pior. Resolvi, por não saber para onde ir, ficar ali, na casa dos meus pais. Dormia na minha cama, a que fora minha, no meu quarto, alimentava-me quando eles comiam, ficava perto deles e sugava suas energias, assim me sentia alimentado. Mas minhas energias eram nocivas: se pegava as deles, transmitia as minhas, os prejudicando. Minha irmã se preocupou com nossos pais; escutei, apavorado, quando ela determinou: 'Mamãe, a senhora irá comigo ao terreiro do senhor Marcílio. Algo aqui em casa não está certo. Genilson morreu, era para então ficarmos sossegados, mas não estamos. Os senhores têm escutado barulho na casa, têm se queixado de fraqueza, sentem arrepios, deve ter aqui uma alma penada. É melhor irmos, e hoje, pedir ajuda'. 'Você tem razão, filha. Vamos, sim.' Apavorei-me. Conhecia, quando estava no corpo de carne, o terreiro do senhor Marcílio; lá eles pegavam defuntos, como eu dizia, ou seja, desencarnados, batiam neles e os prendiam, isso se eles não quisessem ir com eles e se tornarem bons. Não queria isso. 'Deus me livre! Se eles me pegam, o que eu faço?', pensei. Resolvi sair da casa de meus pais, fui ao local onde anteriormente me reunia com amigos; lá encontrei três somente e os escutei, um deles comentou: 'Nem sei por que, lembrei de Genilson, faz um tempinho que ele morreu. Penso que deve ter sido o Dioguinho quem o despachou. Não teve como provar. O delegado, quando nos convocou para que falássemos o que sabíamos, falou na nossa cara que nós não éramos confiáveis, que qualquer pessoa podia ter matado Genilson e que poderia* ter sido um de nós, da nossa turma, porque estávamos sempre brigando, e que poderíamos, numa briga entre nós, um, ou todos juntos, tê-lo matado! Minha mãe me implorou para que eu não falasse mais nisso, que esquecesse esse crime. Resolvi ficar calado, penso que foi melhor, nossa fama era ruim e poderíamos ser acusados. Arrumamos muitos inimigos, e muitas pessoas não gostavam de nós, de nossas brincadeiras. Lembram da Norminha? Ela jurou que se vingaria de nós depois do que fizemos com ela'. 'Você tem razão', concordou um outro. 'É melhor fazermos as coisas certas, fizemos bem de não nos encontrar mais para farrear, parar com nossas brincadeiras ofensivas e criar juízo, como minha mãe pede; senão poderíamos ter o mesmo fim de Genilson ou acabar presos.' Despediram-se e foram para suas casas. Entendi, naquele momento, que não fora amado, nunca fora porque não fiz por merecer, os companheiros eram somente de farra; meus pais se preocupavam comigo, talvez me amassem, mas eu somente lhes dava desgosto e intimamente sentiram-se aliviados com minha morte. Concluí que, se existia um culpado, era quem me matou. 'Ele, o Dioguinho, é a causa disto tudo e nada aconteceu com ele.' Fui para a casa dele, fui andando como se tivesse encarnado. Cheguei e o vi trabalhando na horta, fiquei na área da casa olhando, ele estava plantando feijão. Zé Di entrou na casa, eu entrei junto, a moradia dele era simples, sem conforto, mas limpa. Ele foi fazer o almoço. Xinguei-o, gritei minha raiva, meu ódio e o culpei por ter me matado. Percebi que Zé Di sentiu, ele não me escutava, mas sentiu a energia ruim que projetara nele. Gostei do resultado, ele tonteou, e sua cabeça passou a doer. 'Vou ficar aqui', decidi. E me instalei, ele se alimentava e ficava perto, me sentia como se tivesse comido, dormia pelos cantos da casa, e passei a atormentá-lo. Se eu me sentia infeliz, ele também deveria *estar infeliz. Às vezes raciocinava melhor; outras vezes sentia-me perturbado e dormia muito. Não tinha outra coisa para fazer nem para onde ir, tinha medo de voltar para ficar na casa de meus pais; na casa de minha irmã, não queria, ela sempre me criticava, chamava minha atenção e sempre estava preocupada com nossos pais; em casa de um dos antigos companheiros também não. Eles viraram caretas, ou seja, estavam muito certinhos. Não percebi o tempo passar, assustei-me quando escutei de Dioguinho a data do dia, calculei e fazia dois anos e sete meses que morrera, que desencarnara. Resolvi me vingar, atormentá-lo ainda mais, ele era o culpado de eu ter morrido e ter continuado vivo. O fato é que não gostei de estar morto. Saía de casa poucas vezes, tentei ir farrear, mas farras não me atraíam mais, fui nesse tempo poucas vezes à casa de meus pais, entendi que não fomos unidos e que eles estavam vivendo melhor sem as reclamações que recebiam por minha causa, sem as preocupações que eu lhes causava."*

Genilson fez uma pausa porque escutou um barulho no quintal; levantou, olhou pelo vitrô, viu que a causa do barulho fora uma galinha. Voltou a se sentar e continuou a pensar:

"Fiz o Zé Di pensar, lembrar o que ele fizera comigo. Aproximava-me dele, às vezes falava, outras vezes gritava: 'Dioguinho, deve sempre se lembrar que você matou Genilson. Ele era jovem, cheio de vida e morreu. Você é assassino'. Ou fixava meu olhar nele e, com raiva, ódio, insistia: 'Zé Di, você matou uma pessoa. É assassino! Uma pessoa má! Assassino!'. O repertório era grande, mas parecido, sempre dizia que ele era assassino, uma pessoa má. Ele, o Zé Di, sentia minha energia e pensava muito no ocorrido, no assassinato. Passou a ser triste e a trabalhar mais ainda."

Genilson se incomodou, levantou-se, andou pela sala, não saiu da casa; cinco minutos depois se sentou de novo e concluiu:

"Todos têm sua história. Entendi isso quando escutei o grupo de encarnados conversando. Zé Diogo também teve a dele. Escutei-o pensar, ele estava sempre recordando fatos de sua vida, e todas as vezes que ele recordava, sofria. José Diogo, o nome completo tem dois sobrenomes, era de família rica, estudou, ele era advogado. Nasceu com uma deficiência sexual, somente sua mãe sabia, o pai não. A mãe fez de tudo para ele entender e aceitar sua deficiência. Foi uma criança tímida, com poucos amigos, e adolescente, também. Na faculdade ele ainda não havia tido nenhuma namorada. Antes de se formar, o pai faleceu, e ele e a irmã herdaram uma fortuna. A irmã se casou. Uma moça, filha de família amiga dos pais, aproximou-se dele e fez de tudo para conquistá-lo, passaram a namorar, todos se alegraram, mas sua mãe se preocupou e o fez contar para ela. José Diogo precisou de muito controle e firmeza, mas ele o fez, contou para a moça sobre sua deficiência. Com certeza, penso que ela já sabia ou desconfiava. O fato é que a moça aceitou, afirmou que não fazia diferença e que o amava. A mãe dele não confiava na moça, mas vendo-o feliz a aceitou. José Diogo a amava, e muito, tentou compensá-la lhe dando presentes caros e fazendo de tudo para agradá-la. Ele se formou e planejaram se casar logo; ele, o cunhado e a irmã assumiram o comando da empresa que herdaram. A mãe dele faleceu de repente. Foi o 'então', como a turma aqui falou, o 'então' aconteceu. Ele percebeu e verificou que o cunhado o estava roubando. Ele os chamou, o cunhado e a irmã, para uma conversa. Decepção: a irmã sabia e aprovava. Ele saiu do escritório sem saber o que fazer, resolveu contar e escutar a noiva; foi à casa dela fora do horário de costume, era de tarde. A noiva morava com os pais

numa casa muito bonita, numa mansão. Os pais dela estavam viajando. Desceu do carro, ia tocar a campainha quando percebeu que o portão estava destrancado; abriu, entrou no jardim e olhou para a garagem, estranhou ao ver um carro porque era de um dos seus empregados. Sem fazer barulho, ele se dirigiu aos fundos da casa e entrou pela porta do quintal; na casa, parou na sala de jantar porque escutou conversas vindas da sala de estar. As vozes eram dela, da noiva, e dele, do empregado. Ficou quieto encostado na parede. Ouviu dela: 'Temos de ser cautelosos. José Diogo não deve perceber nada. Amo você, mas, como sabe, preciso me casar com ele, meu pai não está bem financeiramente, necessito dessa união. Detesto pobreza. O bom é que continuaremos amantes'. 'Não gosto', disse ele, 'nem de pensar em vocês dois juntos'. Ela riu. Estou entendendo agora o tanto que José Diogo sofreu ao ter escutado aquela conversa. Controlou-se naquele momento, saiu da casa sem fazer barulho, voltou para o carro e foi para sua casa. Tirou o telefone do gancho, não queria falar com ninguém; certamente, ele não indo se encontrar com a noiva, ela telefonaria, mas ele queria pensar. No outro dia, tinha decidido, iria vender sua parte na empresa. Telefonou e marcou encontro com um homem, seu concorrente, e negociou, e vendeu sua parte, com certeza foi um bom negócio para o comprador . Voltou para casa e se trancou lá. À noite telefonou para a noiva e, sem muitas palavras, terminou com ela, dizendo que não a amava. No outro dia,em que vendeu sua parte na empresa e foi contar para a irmã e o cunhado, eles o xingaram, ele simplesmente virou as costas e saiu. Alugou a casa em que morava com tudo dentro, vendeu o carro, fez uma pequena mala. Fez uma doação pomposa para um hospital da cidade, colocou o restante do dinheiro num banco e partiu. Estava vingado da irmã e do cunhado, porque o sócio *deles agora não iria aceitar ser lesado; da noiva traidora; e do empregado, porque disse ao comprador que ele era desonesto, de fato era. Viajou de ônibus, trem e depois de balsa, veio para cá e procurou terras para comprar; achou este pedaço e, embora sabendo estar irregular, ele o comprou. Acomodou-se aqui, não fez amizades e estava bem trabalhando na terra, isto até que nós, os arruaceiros, começamos a importuná-lo e a ofen-dê-lo. O fato",* concluiu Genilson, *"é que Zé Di não queria me matar, aconteceu num impulso e o fez depois de ter escutado muitas ofensas".*

Genilson fez outra pausa e retornou aos seus pensamentos:

"Se eu não estava feliz morto, não queria que José Diogo estivesse. Estava sempre o fazendo lembrar do seu ato, de ter me assassinado. Quando o crime ocorreu, ele foi chamado a depor na delegacia no outro dia; lá afirmou que não me vira e não sabia de nada. O delegado acreditou nele. Certamente, eu o atormentando, Zé Di estava se sentindo muito infeliz. Ele, dois meses atrás, foi viajar, ficou fora somente uns dias e, como ia voltar, eu não fui, o esperei. Sinto medo de ir a lugares diferen-tes e longe daqui, sei que corro perigo de ser preso ou levado para um local ruim, um espírito mau pode me fazer escravo. Sei disso porque um morto como eu, que vaga pela cidade, me alertou. Por aqui ninguém ficou sabendo de sua viagem, ele pegou a balsa, foi à capital do estado e lá pegou um avião. Foi à cidade em que morava. Ele pensou muitas vezes no que fizera lá, e eu, curioso, fiquei ouvindo. Lá ele vendeu a casa em que morara, não quis ver ninguém; soube pelo advogado que sua irmã e o cunhado tiveram desavenças com o novo sócio, venderam a parte deles e estavam gastando o dinheiro, com certeza iriam ficar logo sem nada financeiramente. Soube que a ex-noiva assumira o namoro com aquele homem, o que fora

seu empregado, mas que não dera certo; ele foi demitido e arrumou outro emprego, em que ganhava menos. Estava difícil para ela, a ex-noiva, arrumar um outro rico disposto a casar. A família da ex-noiva tivera de vender a casa, passaram a morar num local simples, e ela foi trabalhar. Zé Di trouxe dinheiro com ele e uns papéis que valem dinheiro, pensava em ir a uma cidade maior perto daqui e depositar num banco, não sei se fez isso. Será que alguém o matou para roubar? Pode ser. O fato é que Dioguinho não estava bem e piorou ultimamente, eu também não estava, não estou. Quando começou a chover forte, pelo rádio, escutamos a notícia de que os rios iam encher e que era para ter cuidado com desmoronamentos. Saí, fui ver meus pais, a casa em que eles moram tem muitas goteiras. Infelizmente lá nada pude fazer senão ficar olhando os dois colocarem baldes onde gotejava. Quando voltei para cá encontrei os cinco aqui e, pelo que falavam, Zé Di estava morto e lá no cômodo do quintal. Corri para lá, vi o caixão e infelizmente ele não estava no corpo. Alguém o desligou e o levou embora. Resolvi ficar com os hóspedes e, pelo que ouvi, o Dioguinho foi assassinado, cortaram o pescoço dele como ele fez comigo".

Genilson estava inquieto, levantou, andou pela casa, voltou a sentar e a pensar:

"Escutar as histórias de vida deles me comoveu. O moço, que tristeza, ele sofreu muito! Primeiro porque ele amava a mulher e sentiu a traição dela. Depois, que horror! Foi torturado! Ele não contou tudo, mas lembrou, eu vi as cenas. Fiquei horrorizado, eles sabem mesmo maltratar. Após, ele na prisão, o dente quebrado foi por um murro, lá ele sofreu muito, penso que na prisão ou você se afina ou sofre mais. Sofreu muitos abusos, teve de dar muitas vezes sua comida para alguém e passou fome, trabalhou para outros, foi de fato muito difícil o período

em que esteve preso. Ele tem razão de sentir pavor de ser preso novamente. A moça! Também fiquei com pena dela; desde pequena recebia castigos, e estes eram doloridos: a deixavam presa no porão, ficava sem comer, até sem beber, os pais viajavam com os outros filhos, não a levavam e ela ficava trancada na casa, e sozinha, levou muitas surras. Na adolescência resolveu se rebelar, tornou-se agressiva, mas sentiu, e muito, cada ofensa e o desprezo deles. Senti dó em ver suas lembranças, dela sozinha no quarto trancada. E eu, que gozava do Zé Di por ele ser diferente? Que maldade! Somente vendo, sentindo o que o outro sofreu para entender. E se eu sofresse como ela ou como o Zé Di, o que iria fazer? Penso que agrediria, retribuiria as ofensas e talvez matasse também. E o homem? Barbaridade! Vi seu pensamento de quando ele viu a filha morta, quando eles a encontraram, foi algo terrível. Como o pobre sofreu! Tinha razão de querer matar o assassino. Agora que eu morri, ou que o meu corpo de carne morreu e continuei vivo, penso que entendo que recebemos de volta, depois dessa mudança, o que fizemos. Eu nada fiz de bom, nada recebi de bom. Não matei, não roubei, a não ser frutas nas hortas das pessoas, fiz isso para farrear. Penso que fiz mal mesmo foi a mim mesmo, mas, pensando melhor, maltratei com ofensas: a Norminha, somente porque ela é prostituta; o Zé Di, por ele ser diferente, porém ele não se envolveu com ninguém. A mãe, esta também sofreu, acompanhei sua narrativa prestando atenção, sofreu pelos abandonos, da mãe e do homem que amava, penso que ela ainda o ama. Foi sempre humilhada, vi nas lembranças dela no abrigo; talvez por ser pacífica, não reagir, apanhava de outras crianças, tiravam objetos dela, a obrigavam a fazer tarefas para elas. Na escola foi pelo preconceito de ser órfã e preta.

Depois, ela até hoje não entende o que aconteceu com seu relacionamento, ela sabia que ele era casado, mas não esperava ser abandonada. Que mulher orgulhosa e maldosa é a mãe dele, como ela a ofendeu! Ainda bem que decidiu retornar para a cidade em que morava, com certeza não ia dar certo morar com Serafim; não o conheço, mas, pelo que o homem falou dele, não deve ser uma boa pessoa. Gostei da menina, garotinha educada, boazinha, não entrou nenhuma vez no quarto. Por que será? Tinha medo?".

Genilson suspirou e refletiu:

"Todos nós sofremos. Eu sofri! Não queria ter morrido. Escutá-los me fez bem, entendi que todos nós passamos por dificuldades. Eu procurei as minhas. Se não tivesse ido atrás do Dioguinho, mexido com ele, aprontado, ele não teria me matado. O 'se', o 'então', como disseram, aconteceu. Zé Di, num simples impulso, me matou; se não fosse por eu ter ido atrás dele, nada disso teria acontecido, o 'então' não existiria. Aí está o resultado da minha imprudência. Eu sou o errado!".

Genilson chorou, um choro sentido, amargurado e lamentou:

"Que eu fiz de minha vida? Fiz sofrerem meus pais, irmãos; irresponsável, participei de brincadeiras maldosas. Brincadeiras? Não! Foram atos errados. Que triste! O resultado aí está: estou morto, vago por aí, estava atormentando o Zé Di, o culpava, esqueci da minha parte errada nesse fato. Da minha culpa! Se fui assassinado, a culpa é minha! Somente minha! Ai, meu Deus! Nossa Senhora! O que faço agora? Para onde vou? Serei condenado para sempre a vagar? A ser uma alma penada? Não tenho penas, mas sou alma penada, de 'pena', que significa 'sofrimento'. Estou com dó de mim, mas entendo que recebo o que mereço. Nem o Zé Di tenho mais. Ele morreu, o espírito dele saiu do corpo e não está mais aqui. Estou sozinho! Sozinho! Ai!"

Chorou mais, de repente sentiu vontade de pedir perdão a Deus.

"Deus, se o Senhor é Amor, me perdoe, me dê outra chance! Quero aprender a ser uma pessoa boa! Perdoe-me!"

Sentiu uma mão no seu ombro. Genilson se assustou, olhou e viu um vulto rodeado de uma luz suave; quis fugir, sentiu medo, a mão o segurou, e ele então viu o homem, um espírito, porque, ao vê-lo, percebeu que era um morto como ele; o espírito lhe sorriu. Genilson foi sossegando e, sorrindo, aquele ser disse a ele:

— *Genilson, Deus sempre nos perdoa quando pedimos perdão com sinceridade. Fui encarregado de vir ajudá-lo. Irei levá-lo para um local aonde vão as pessoas que fizeram a mudança de plano, para o Plano Espiritual. Não sinta medo. Venha comigo!*

Genilson continuou a chorar, o fez de soluçar, porém agora era um choro de esperança. Deu as mãos para aquele espírito, que volitou com ele o levando para um posto de socorro.

Agora de fato a casa ficara sem ninguém.

CAPÍTULO 9

COMO FICARAM

Isadora, a moça, rapidamente se adaptou à cidade e ao trabalho. Três dias depois que chegara, alugou um pequeno apartamento e o mobiliou com o básico, gastou quase todo o seu dinheiro, o que levara. Visitou lugares que serviam refeições e optou por três, isto para não enjoar; resolveu não fazer comida no seu apartamento, queria ter mais tempo para se dedicar ao trabalho; gostou das refeições, um dos lugares era um restaurante, e os outros dois, casas de família. No segundo dia depois de sua chegada, telefonou, foi à telefônica e ligou para a casa de seus pais, sabia que naquele horário eles não estavam; falou com a empregada de muitos anos. Foi educadíssima e pediu para ela avisar seus pais de que havia chegado na cidade em que ia trabalhar, que estava bem e que na quinta-feira à noite telefonaria novamente. Perguntou de todos, agradeceu e desligou.

"Será, de agora em diante, assim; serei educada, não revidarei mais nenhuma ofensa e quero não ser mais atingida por nada de ruim. Fiz um propósito de ser melhor naquela casa, com aquelas pessoas que nem sei quem são, mas que, pelas conversas, me fizeram entender muitas coisas. Será assim que agirei."

Conheceu seus alunos, optou por dar os conhecimentos teóricos junto com a prática e também prestar atenção nos jovens e ajudá-los quando necessário.

Na quinta-feira à noite telefonou, a mãe atendeu, ela perguntou de todos e falou de seu trabalho. A mãe pediu para ela comprar uma linha telefônica e que mandaria dinheiro para isso. Ela aceitou e agradeceu.

"Talvez mamãe tenha estranhado minha atitude e até meu jeito de falar, ela se acostumará, serei assim de agora em diante."

Com horários acertados, tudo organizado, os treinos seriam no estádio, quadra da prefeitura. Por ser novidade, foram muitos os jovens que se inscreveram; ela organizou muitas turmas, formou quatro equipes femininas, seis masculinas e, à noite, havia dois grupos de adultos. Os treinos para ela eram diários; para as equipes, três vezes por semana, e normalmente à tarde, porque a maioria estudava de manhã.

Depois de todos os horários agendados, Isadora foi a uma escola de periferia, como voluntária, pediu para dar aulas. Aceitaram e gostaram. Ela então passou a dar aulas de Educação Física e a ensinar jovens a jogar vôlei; no domingo, treinava pela manhã os que queriam e vários jovens iam.

Comprou a linha telefônica, ligou para a mãe, e a mãe passou a ligar para ela. No começo se falavam duas vezes por semana e, se escutava perguntas indevidas, fingia não ter ouvido e continuava sendo agradável; de fato, não agrediu mais, nem ninguém nem a si mesma. Mandou fotos dela com as equipes. Depois, deu uma acertada nas pontas dos cabelos, os deixou crescer, usava brincos, passava batom, esmaltava as unhas e às vezes passava maquiagem. Seus pais gostaram de vê-la modificada, a elogiavam. A irmã e o irmão também telefonavam para ela e, se escutava alguma ironia ou pergunta indevida, as ignorava e era gentil. Depois de alguns telefonemas, as ironias pararam, falavam mais como estavam, não tinham muitos assuntos, não eram afins.

"Separamo-nos. Penso que nunca fomos unidos. Estou separada, mas eles são minha família. Talvez eles não me amem, mas isso agora não tem importância."

Como sabia que aconteceria, três meses depois, muitos jovens não quiseram mais jogar e ficaram os que realmente queriam. Organizou as equipes e começaram a jogar melhor. O prefeito estava contente com o seu trabalho. Isadora fez poucas amizades, saía pouco também, ia à igreja orar e em festas para as quais era convidada, normalmente de aniversário de alguém que jogava. Sabia que todos tinham curiosidade sobre a sua vida, ainda mais porque não comentava, não falava de si. Até que uma jovem, talvez mais curiosa, a indagou:

— A senhora é solteira? Não namora?

Isadora resolveu mentir e respondeu:

— Sou solteira. Resolvi ficar sozinha depois que o meu namorado, namorávamos fazia três anos, pensávamos em nos casar, nos amávamos muito, morreu num acidente. Sofri muito.

Ela se apiedou e rápido todos ficaram sabendo.

À Beira do Caminho - 115

"Foi melhor mentir", concluiu Isadora. "Assim não ficam mais curiosos e não irão querer me arrumar namorado. Não gosto de mentiras, mas foi uma solução. Antes não faria isso e a resposta seria agressiva, como: 'Por que pergunta? Por que quer saber? O que você tem com isso?'. Mas mudei! Com essa resposta, a curiosidade acabou."

Estava dormindo e se alimentando bem, pois estava trabalhando muito e tentou ser mais feminina. Entendeu que essa sua atitude não fazia diferença; de fato, o exterior não precisava demonstrar o interior e não precisava ser agressiva. Os jovens gostavam dela, e ela, deles; estava em paz e era grata à sua modificação, à compreensão que tivera pelo que ocorreu naquela casa na enchente. O "então" do moço. Sentia saudades dos quatro e desejava que eles estivessem bem como ela estava, porque ela estava em paz com ela mesma, e isso refletia, transmitindo paz para os que conviviam com ela.

O moço, Izequiel, dedicou-se ao trabalho, era bom colega, ajudava os outros companheiros; não somente foi aceito, mas as pessoas gostavam dele. Assim que pôde, foi ao dentista, organizou suas finanças e teve dinheiro para fazer o tratamento dentário. O tratamento foi demorado, mas o dentista o deixou com os dentes em ordem. Agora podia sorrir e o fazia muito, não tinha mais a falha na frente. Seu lazer era ir, no sábado à noite, ao cinema e, no domingo, almoçar em restaurante e ir à igreja, ao templo evangélico. Desde a primeira vez que foi, gostou e foi aceito, recebido com carinho, passou a participar das atividades e orava muito. Era agradecido e pedia a Deus para o livrar das tentações. Recusava convites dos colegas de trabalho que, nas sextas-feiras após o término de jornada, iam ao bar antes de irem para suas casas ou para o alojamento, tomar cervejas e comer petiscos. Izequiel temia ir, pensou que poderia ficar com vontade, antes gostava muito de cervejas; temia experimentar e, depois do primeiro gole, voltar a beber, não queria isso. Esforçando-se, não pôs mais bebida alcoólica na boca nem fumou. Gostava de todos na igreja e sentiu que eles gostavam dele. Uma moça, a Belenice, o olhava muito; Izequiel a achou bonita, interessante, ela era professora, lecionava numa escola do bairro, morava perto do templo com seus pais.

"Ela é muito boa para mim", concluiu Izequiel. "É melhor eu não me aproximar dela."

Num domingo, teve, no local, uma festa para todos, era o dia em que louvavam o Senhor, ele foi convidado e foi com sua melhor roupa, havia comprado roupas para si. Todos almoçariam lá. Izequiel participou das atividades. Belenice aproximou-se e conversaram. Ele não teve vontade de se afastar dela e passaram o dia juntos. Todos aprovaram essa aproximação. Os dois se conheceram porque conversaram muito, e um gostou do outro. A festividade terminou à noite, Izequiel voltou para o alojamento e se pôs a pensar na sua situação; se tinha resolvido ser honesto, tinha de ser com Belenice. Ele havia contado para eles parte de sua vida, mas não tudo, omitira o mais importante. Contou.

— Meus pais morreram, ausentei-me da cidade por dois anos e, quando retornei, meus irmãos haviam se apossado de tudo o que fora de meus pais. Eu não fiz nada, senti muito e fui embora de lá. Sabendo que nesta cidade estavam contratando empregados na construção civil, vim para cá e estou bem aqui. Separei-me de minha família, perdoei-os, mas não quero e não tive mais contato com eles.

Por um colega, aquele que lhe indicou o templo para frequentar, eles, os frequentadores e o pastor, souberam dele, que era honesto, trabalhador, bom colega de trabalho, que não bebia nem fumava.

"Devo", concluiu Izequiel, "decidir o que irei fazer. Não posso deixar o 'então' acontecer e me arrepender. Estou gostando de Belenice, porém sei que ela é boa demais para mim. Ela não merece me ter como namorado. O que eu faço?".

Pensou e resolveu que o honesto da parte dele era contar para ela. Pediu para que se encontrasse com ele na praça perto de onde Belenice morava. Encontraram-se, sentaram-se num banco, ele quis fazer logo o que planejara e contou tudo o que ocorrera com ele: falou de seus pais, de seu envolvimento, da traição, da prisão, da tortura e do seu sofrimento preso. Falou que de fato voltara e que seus irmãos não o receberam e não quiseram lhe dar nada da herança. Somente não contou da enchente, de sua estadia na casinha à beira do caminho, porque achou que aquele fato não tinha nada a ver com sua história de vida e porque prometera não falar a ninguém. Belenice escutou atenta, ele finalizou:

— Você merece uma pessoa melhor.

— Não posso opinar? Decidir? — indagou Belenice. — Você não acredita que podemos mudar, nos esforçar e nos tornar seres melhores? Eu acredito! Vamos nós dois conversar com o pastor, pedirei a ele que nos atenda após o culto de quarta-feira. Vamos escutar a opinião dele.

Izequiel concordou. Na quarta-feira os dois ficaram no templo e, depois que todos saíram, o pastor foi conversar com eles. Belenice foi quem contou tudo. O pastor opinou:

— Izequiel, desde que vi você entrando na nossa casa de oração, senti que Deus o queria aqui, e que era para eu prestar atenção em você e o ajudar. Deus o ama! Quero que o que Belenice me contou fique entre nós três e Deus, que ninguém mais saiba. Você é o filho do Pai Amado que retorna à Sua casa. Namorem, casem, e você, firme no seu propósito. É isso que Deus quer.

Izequiel chorou de soluçar, o pastor o abraçou, depois pegou as mãos dos dois e as juntou.

— Sejam felizes e com Deus no coração.

Izequiel, tranquilo, sentindo-se feliz, firmou o namoro, trabalhou com mais dedicação, passou a ser chefe da equipe, a ganhar mais, estava de fato em paz.

"O 'então' aconteceu", concluiu ele, "e desta vez para o melhor, deu certo ser honesto, contar e ser aceito".

Sebastião, o Tião, estava bem, voltara a dar mais atenção, a ser dedicado à esposa, à família, aos netos que o amavam, aos empregados e aos amigos. Quando alguém conhecido falecia, ele ia consolar a família. Tornou-se muito religioso. Soube que não viram mais o Zé Di e foram muitos os comentários. Depois que ele não foi mais à cidade, foram à sua casa e não havia ninguém, falaram que ele talvez se mudara, fora embora dali, já que levara suas roupas e alguns objetos; também opinaram que talvez na enchente ele tenha atravessado o rio menor, caído nas águas e morrido afogado. Uma família se mudou para a casa que fora dele, ficaram por meses; depois, levando tudo, mudaram. Meses depois ela foi depredada, levaram portas, janelas, telhas e até os tijolos; ficou em ruínas e quase não se via mais da estrada pelo mato ter crescido.

"Tudo muda", pensou Sebastião, "tudo passa! E o 'então' foi assim. Sinto saudades dos quatro. Pena eu não saber deles. Tomara que todos estejam bem como eu estou. Não posso esquecer que foi lá, na casa do finado Zé Di, que, ao escutá-los, mudei de ideia e não matei aquele assassino. Se tivesse matado, o 'então' ruim aconteceria, teria feito todos da minha família

À Beira do Caminho - 119

sofrerem mais ainda. Na semana passada, minha esposa ficou três dias acamada com uma gripe forte, eu cuidei dela, foi muito bom me sentir útil à minha companheira de tantos anos. Se tivesse matado aquele homem, ou estaria foragido ou preso, longe deles, e com certeza eles estariam gastando dinheiro comigo e não estaríamos como agora; não somos ricos, mas temos tudo em abundância. Escutar o moço me alertou, não vale a pena me igualar à pessoa má pra me vingar, ela terá sua colheita. Será que era o Zé Di o homem que a mãe amou? Ela poderia ter vindo atrás dele, que a renegou. Pode ser. O fato é que Serafim logo passou a morar com uma moça, esqueceu a mãe. Isso foi bom para ela. Mas nenhum de nós naquela casa merecia ser preso pelo crime que foi cometido. Não contei a ninguém, nem irei contar da minha estadia lá, nem à minha esposa; não escondo nada dela, e foram dois fatos que escondi: o porquê de ter ido viajar naquela enchente e o que ocorreu na casa do Zé Di. Devo esquecer e ser grato a Deus por tudo".

De fato Sebastião, o homem daquela casa à beira do caminho, estava em paz.

Giovana, a filha, crescia forte, sadia e muito bonita. Lembrava às vezes da viagem que ela fizera com a mãe e em que tivera a enchente, sabia dessa aventura o que a mãe falara: que ia morar em outro lugar. Lembrava da viagem de barco, também da lama, da chuva forte, que não conseguiram atravessar o rio e ficaram abrigadas numa casa pequena com outras pessoas. Na casa todos foram muito agradáveis, gostou de todos e da brincadeira dos nomes que ganhara e recebera uma boneca de prêmio. A chuva parou, ela e a mãe voltaram, a mãe pôde comprar uma casa. Giovana gostou muito da casa e de mudar de escola. Às vezes se incomodava um pouco por ir mais cedo e ficar na escola por mais tempo, mas entendia que a mãe, preocupada, não gostava que ela ficasse sozinha em casa. Gostava demais de estudar; após as aulas, ficar na biblioteca era para ela agradável, gostava de ler e lá ficava fazendo as tarefas de casa. Não reclamava, não queria aborrecer a mãe; no entendimento dela, compreendia que a mãe se sacrificava por ela. Gostava de comemorar seus aniversários e das férias, para ficar mais em casa, e mais ainda de viajar. Gostava também de ir à casa de Ritinha e de ir ao centro espírita. Às vezes o que incomodava era não ter pai, saber pouco dele, queria saber mais, porém percebia que a mãe ficava chateada quando a indagava sobre esse assunto. Incomodava não ter os nomes dos avós nem do pai na sua certidão de nascimento. Escutava calada as amigas falarem dos pais e sentia no dia em que os homenageavam; tinha festa na escola, todos faziam cartões, desenhos para os pais, e ela fazia também e dava para a mãe. Preferia, mesmo pequena, porém para sua idade era madura, pensar em coisas boas e esquecer as que incomodavam. Como a mãe lhe pediu para não comentar sobre aquela viagem em que ficaram naquela casa, ela somente comentou com Ritinha, não falou mais para ninguém; lembrava-se com saudade dos três que a agradaram, brincaram com ela e lhe deram a boneca que queria. Ela e a mãe não falavam mais desse fato e Giovana foi esquecendo. Ela não percebera que os adultos esconderam dela um segredo; para a menina tudo estava bem, deram certo os dias em que ficaram naquela casa à beira da estrada. Giovana estava bem e feliz.

A mãe, Emília, Mila, se adaptou rápido à sua nova maneira de viver. Foi, como recomendou a moça, ao dentista com a filha Giovana. Fizeram um bom tratamento dentário e colocou na sua agenda ir e levar a filha de seis em seis meses ao dentista. Deixou seus cabelos naturais, foi cortando aos poucos os que estavam tingidos e alisados, meses depois seus cabelos estavam mais bonitos; deixou também crescer os de Giovana; como a moça falara, os cabelos pesaram e caíam pelas costas em cachos lindos. Comprou roupas para ela, não chiques nem caras, mas boas. Equipou a casa, que ficou confortável. Às vezes lembrava da enchente, da casa e que pegara o dinheiro que fora do Zé Di, mas, como o homem afirmou, seria de quem pegasse, achasse, tudo o que havia na casa.

"Se o Zé Di tivesse família, eu iria levar o dinheiro para eles, mas o coitado não tinha ninguém, fui eu quem o encontrei. Poderia ter dividido o dinheiro com os outros três, porém o homem não precisava, a moça era de família rica. O moço, sim, precisava, mas o dinheiro fácil nas mãos dele não iria ser algo ruim? Ele fez planos, queria trabalhar, ser honesto, ficar longe dos vícios, mas, com dinheiro, faria o que planejara? Não iria se perder novamente, voltar às farras e não trabalhar? Gastar tudo e piorar sua situação? Penso que o melhor para o moço seria recomeçar com o trabalho. Eu usei bem o dinheiro."

Ia ao centro espírita às quartas-feiras à noite com Giovana assistir palestra e receber o passe; domingo pela manhã levava a filha para a Evangelização Infantil e ficava conversando, estudando com o grupo de pais. Emília mudou, nunca mais se rejeitou; agora, se fazia algo, um favor para alguém, o fazia porque queria ajudar. Trabalhava na escola por oito horas, entrava às nove horas e saía às dezoito horas, tinha uma hora de almoço e almoçava na escola com a filha. Giovana estudava nessa escola, à tarde, das doze horas às dezessete horas. Emília a levava com ela às nove horas, a diretora permitiu; a menina assistia, após o recreio, às aulas da sua série, depois almoçava e ia para sua classe; quando sua aula terminava, esperava pela mãe na biblioteca, Giovana ficava com mais três colegas cujas mães trabalhavam também na escola. A menina continuava comportada, educada e estudiosa. Emília voltou a estudar do modo dela, pegava na escola apostilas, livros para ler, fazia lições dadas pelos professores aos alunos das séries mais adiantadas e às vezes alguns professores lhe explicavam algumas matérias. Ela passou a falar corretamente, teve aulas de etiqueta, gostava de se sentir se expressando bem e se comportando adequadamente.

Raramente pegava do dinheiro guardado, se organizou para fazer suas despesas com o seu ordenado; como não pagava aluguel, o que recebia realmente dava para suas despesas. Passou a comemorar o aniversário de Giovana, fazia festinhas para ela, que gostava muito. Sua filha estava feliz, e isso era importante para Emília.

"Ela não ter pai", concluiu Emília, "foi algo que tive de administrar. Contei uma mentira para ela, disse que namorávamos, que fiquei grávida, ele ficou contente e íamos casar quando ele morreu num acidente, e que se chamava Lúcio. De fato, o nome do pai dela é Lúcio. Se minha filha sente não ter pai, a ausência dele, não demonstra".

Emília saiu com alguns homens, não firmou com nenhum. Não queria morar com uma pessoa, ela e a filha estavam muito bem, e temia que outra pessoa pudesse atrapalhá-las. Depois não gostou mesmo de mais ninguém.

Estava sempre atenta a Ritinha, a senhora que muito a ajudara, entendeu que agora era ela que podia auxiliá-la e o fazia com alegria. Emília fazia todo o serviço de sua casa pela manhã antes de ir para o trabalho, e Giovana a ajudava. No sábado, não trabalhava na escola, ia logo cedo para a casa da amiga Ritinha; lá fazia faxina, lavava e passava as roupas, fazia compras para ela, comida e a deixava congelada. Voltavam para

À Beira do Caminho - 123

casa somente à noite; no domingo, ia, pela manhã, ao centro espírita, almoçar num restaurante e levava a amiga. Tudo o que Ritinha precisava, Emília fazia para ela. Nas férias de Emília, que coincidiam com as da filha, as duas viajavam, normalmente ficavam uns dias na praia ou iam conhecer uma cidade turística. Ambas gostavam muito. E, como o homem afirmou na casinha à beira do caminho, da estrada, Serafim não a procurou.

"Graças a Deus", pensou Emília, "com certeza não teria dado certo morar com ele, seria o 'então' complicado. Porém foi válida a minha ida, a enchente, o encontro com aquelas pessoas, ouvi-los foi muito bom. Foi lá que compreendi que eu me rejeitava, me sentia inferior, isso acabou, hoje sou outra pessoa e estou muito bem".

Anos se passaram...

CAPÍTULO 10

SEBASTIÃO E IZEQUIEL

Cinco anos se passaram.

Sebastião estava atarefado; ele, o filho, um dos netos e dois empregados colocaram as vacas no curral, fecharam o galinheiro; ele colocou o trator e a camionete no barracão e se organizaram, porque o alerta era de que teriam logo mais uma tempestade. A nora dele chegou, fora de carro ao ponto de ônibus buscar o outro filho. Pelo rádio avisaram que as aulas foram suspensas. Todos da região se precaveram, evitaram, como o prefeito pedira pelo rádio, sair de casa, era para se resguardarem porque com certeza a tempestade chegaria com ventos e trovoadas. O prefeito pedira também que evitassem passar pelo rio menor e falou que com certeza as balsas iriam parar.

Sebastião viu sua esposa fechar a casa, todas as janelas e portas. Acabaram e todos se recolheram em suas casas. Sebastião não entrou, ficou na varanda olhando o céu. Nuvens escuras escondiam o sol e escureciam o dia.

"Lembro", recordou Sebastião, "da outra enchente, da última grande enchente que tivemos. Essa será como aquela? O locutor informou que está chovendo forte nas cabeceiras dos rios e que, se continuar chovendo, as águas invadirão as terras ribeirinhas. Será que essa chuva será como aquela? Tenho poucas vezes pensado naquela enchente. Poucas vezes...".

— Tião — a esposa o chamou —, você não vai entrar?

— Estou vendo o tempo, logo irei para dentro — respondeu ele.

— Deve estar fazendo — lembrou a esposa — cinco anos da última enchente que tivemos. Choveu por dias, você estava ausente e eu fiquei preocupada. Ainda bem que hoje você está em casa. Venha para dentro, Tião; com o vento, a chuva molha a varanda.

— Irei logo, estou vendo a chuva — repetiu Sebastião.

A esposa entrou e, como ventava muito, ela fechou a porta.

"Ainda bem que estou em casa. Graças a Deus!", Sebastião agradeceu.

Ele, olhando novamente o céu, o tempo, lembrou:

"Foi com muita chuva que saí de casa determinado a vingar a morte de minha filha. A chuva não parava, atravessei o rio menor com ele já enchendo e com a correnteza forte. Não me importei, parecia que estava movido a determinação do que queria fazer. Ao chegar ao porto ou ponto das balsas, soube que elas estavam parando e a que teria de pegar já havia parado. Voltei aborrecido. Pensei em retornar ao sítio e fazer o que planejara após a volta das embarcações. Porém, ao chegar ao rio menor, vi que não dava para atravessá-lo: ele estava perigoso, as águas encobriam a passarela e não dava nem para ver se ela estava lá ou se fora levada pela correnteza. Lá vi uma mulher com uma menina. Pensei: 'O que será que essa senhora está fazendo aqui com tanta chuva? Por que saiu de casa?'. Não a reconheci, calculei que não morava pela região. Aconselhei-a a voltar. Não me preocupei com ela, estava chateado pelo imprevisto e resolvi, naquele momento, ir à casa do finado Antônio, que morava ali perto, e para ir à casa dele não precisava atravessar o rio. Fui, calculei que lá teria abrigo e ficaria sozinho, como eu queria naquele momento. Porém a casa que fora de Antônio estava em ruínas, não dava para ficar. Lembrei da casa do Zé Di. Conhecia-o por ele ir à cidade, conversei com ele poucas vezes, porém aquele momento era de emergência, pediria para ele me abrigar até eu conseguir ir para onde queria ou voltar para casa. Cheguei à frente de sua casa e gritei por ele, admirei-me por rever a mulher com a criança, um rapaz e uma moça lá dentro. Se todas aquelas pessoas se abrigaram ali, resolvi ficar também, não lembrava de outro abrigo, a não ser a pousada no porto, mas ela estava lotada, como fora informado, e corria o risco de inundar. Foi sorte eu ter ficado na casa!"

Sebastião suspirou e olhou novamente para o céu, o vento amenizava, mas a chuva estava grossa.

"Aquele encontro foi bom para mim!", continuou a lembrar. "Penso que foi Deus que nos reuniu, cinco pessoas, quatro adultos, todos com seus problemas e dificuldades, e um morto! O Zé Di, o dono da casa. Tivemos que resolver o que fazer com o morto. Optamos por enterrá-lo e o fizemos bem-feito, ninguém o encontrou. Lembro e me arrepio quando penso em Zé Di morto e agora sei: nada que é da matéria física nos pertence.

À Beira do Caminho - 127

Com certeza o José Diogo devia gostar dos objetos que estavam com ele, como: a cama, suas roupas, as plantas, as aves, o que ele usava na cozinha etc. E o que aconteceu? Ele se foi, ficou tudo e foram parar em outras mãos, tiveram outros donos. O que será que ele levou? Da matéria, nada. Acompanhou-o o que ele era, o que ele fez, suas ações. Nossos atos são nossos e nos acompanham no Além. O fato é: tudo o que a traça rói, o que estraga, enferruja não é nosso. As lembranças são nossas, são de nossa alma, espírito, e não precisamos de nada da matéria física para nos recordar. Espero que Zé Di tenha boas lembranças, eu tenho. Cada um tem sua história, a que construímos. Atualmente ninguém fala de Zé Di, talvez não lembrem, mas eu lembro. Às vezes me pergunto se fizemos bem em enterrá-lo ali e não termos chamado a polícia. Mas quem era o culpado? Estaríamos todos encrencados, como afirmou o moço. Atrapalharia a vida de todos nós, seríamos suspeitos e talvez não descobririam quem foi. O fato era que: todos os quatro haviam sofrido, e tínhamos as nossas histórias, sofrimentos. Poderiam todos ser acusados. Eu não teria como provar que tinha, antes de chegar à casa, ido ao local que fora o lar do falecido Antônio. Poderia ter matado o Zé Di, me afastado e, depois que vi pessoas entrando na casa dele, me aproximei. O moço poderia tê-lo matado. Ninguém o vira. O que ele contou poderia ser provado? A moça disse ter ido ao rio menor e voltado, porém a mãe e eu, que fizemos o mesmo trajeto, não a vimos. Onde esteve? Ficou mesmo à margem da estrada? A mãe, ela disse que viu a casa, bateu palmas para pedir informação. Quem a viu fazer isso? Ninguém. Será que ela não entrou na casa, matou o Zé Di e depois foi para a estrada? Mistério! Muito mistério! O moço disse que poderia ter sido outra pessoa. Mas quem? Pela enchente não estavam transitando pessoas por ali. Se ocorreu como o moço falou, que foi outra pessoa, depois que matou, foi para onde? Não se abrigou? Será que foi alguém que vingou a morte de Genilson? Penso que seja pouco provável, a família de Genilson não faria isso e depois nunca ficaram sabendo quem o matou. Matar?! Hoje chego a me arrepiar em pensar que eu poderia ter matado aquele assassino. Ainda bem que perdoei. Como perdoar nos faz bem! Antes de perdoar eu vivia atormentado e infeliz. Não orava. Como é bom rezar o Pai-Nosso, a oração que Jesus nos ensinou, e dizer 'é perdoando que se é perdoado'! Depois que perdoei o assassino de minha filha passei a orar essa lindíssima oração e agora o faço com sentimento. Entendi que eu posso sentir Deus em mim, mas também posso senti-Lo no próximo, em todos. Estou vivendo como sempre vivi, agindo de tal modo que eu não precise pedir perdão, isso porque não quero fazer nada de mal a ninguém. Se receber alguma maldade, tentarei entendê-la a ponto de não precisar perdoar, porque não me sentirei ofendido ou magoado, embora possa sofrer por esse ato. O certo é que é preferível sofrer uma maldade do que fazer uma ação má. Eu não fiz o mal e estou em paz. Como será que está quem fez o mal? Como está agora o assassino de minha filha? Porque ele morreu! E assassinado! Isso ocorreu há dois anos. Vieram logo nos contar a tragédia. Esse moço, o assassino, foi a uma cidade vizinha, num bairro, enganou uma garota, ela tinha nove anos, e a levou para uma rua deserta, para um terreno baldio, porém um homem viu e chamou o pai dela, que foi atrás com algumas pessoas. Encontraram-no tentando estuprar a garota; o pai, com um pau e outros homens, disseram ser doze pessoas, bateram nele, o lincharam. Deixaram-no caído quase morto e alguém chamou a polícia, que o levou para o hospital; a família dele fez de tudo para salvá-lo, porém ele estava muito ferido,

À Beira do Caminho - 129

foi para a Unidade de Terapia Intensiva (UTI) e, três dias depois, faleceu. Penso que a mãe dele sofreu, os pais sofrem por ele ter falecido, porém por que, sabendo que ele tinha essa tendência maldosa, que ele já havia feito esse tipo de ato ruim, não o fizeram parar? Se ele tivesse sido preso quando matou minha filha, ele com certeza não teria tido uma morte violenta como teve. Talvez ele preso entendesse seus atos maldosos e aprendesse para não os fazer mais. Violência gera violência. Os homens que bateram nele disseram não saber quem foi, quem participou. Afirmaram que não viram nem sabiam de nada. A polícia até que investigou, sabia que fora um grupo, mas não quem fazia parte do grupo. Ninguém falou e ninguém foi punido. Tudo foi muito triste, essas pessoas fizeram justiça com suas próprias mãos. Teriam direito? Não! O que eles deviam ter feito era amarrá-lo e chamar a polícia. Justificaram que ele, por ter dinheiro, não ficaria preso. Penso que Deus não as desculpará. Foram violentas. O fato é que foi triste o fim desse moço na terra como vivo. E depois de morto? Deve ter sido pior. Como encarar a morte, o outro lado, com tantos pecados, erros e maldades? Não deve ser fácil. Existem muitas maneiras de morrer, é melhor que seja fazendo o bem, não tendo erros, porque, se tem como bagagem maldades, é complicado. Eu não precisei matá-lo, o 'então' dele aconteceu e foi muito triste. Porque é impossível alguém ser mau sem fazer mal a si mesmo. Esse rapaz matou e foi morto, ele maltratou e foi maltratado. Tudo o que fazemos volta para nós."

Sebastião entrou e convidou a esposa:

— Vamos orar pedindo a Deus, à Nossa Senhora, para que a chuva não faça muitos estragos e que ninguém morra pela enchente.

Oraram. Sebastião estava em paz e agradecido.

Izequiel estava atarefado. Era o mestre de obras, como responsável pela construção, no momento, de um prédio de quinze andares, junto com o construtor e o engenheiro. Gostava do seu trabalho, dedicava-se muito a ele e tinha um bom ordenado. Cumprira o que prometera a si mesmo; embora no começo, às vezes, sentisse vontade de tomar bebida alcoólica, não o fizera, agora não tinha mais vontade. Lembrou que ouvira do pastor do templo que frequentava: "Vícios, sejam eles quais forem, alcoolismo, tabagismo, tóxicos, e até de alimentos, são prejudiciais à saúde física, mental e espiritual. Podemos adquirir enfermidades por eles e até abreviar a vida no corpo físico; isso pode ser considerado suicídio involuntário. Podemos, por eles, depois de morrer, sentir remorso, sofrer e entender que cometemos abusos. E abusos sempre têm retorno de dores". Compreendendo isso, nunca mais Izequiel cometeu abusos.

Mas ele estava atarefado porque fora dado o alerta de que logo mais teria uma grande tempestade e com ventos. Os trabalhadores estavam guardando todos os materiais num cômodo, que ficaria fechado, para não molhar. Izequiel estava atento para que nada pudesse voar com o vento e causar algum acidente. O trabalho seria suspenso até a chuva parar e não haver mais perigo. Não dava no momento para trabalhar na obra com chuva, principalmente se ela estivesse grossa.

— Coloquem esses sacos de cimento naquele canto, empilhem para caber tudo — ordenou Izequiel.

Foi dando ordens, queria acabar logo para dispensar todos para que voltassem para suas casas em segurança. Parecendo tudo estar guardado e nada deixado de forma que pudesse, com o vento, ser deslocado, ele, com dois companheiros, foram verificar: subiram no último andar e, após verificar, foram descendo. Com tudo certo, ele dispensou todos, pedindo que fossem logo para seus lares e que ali ficasse somente o vigia. Izequiel lhe recomendou:

— Fique no andar térreo, se proteja e fique atento; qualquer coisa de diferente, me telefone.

Após todos saírem, o vigia trancou o portão. Izequiel deu carona para três companheiros, foi os deixando perto das casas deles. Embora o trânsito estivesse intenso, pois muitas pessoas estavam retornando para seus lares, ele chegou sem problemas. Ele tinha um bom carro e morava numa casa boa e confortável; ela fora dada a eles pelos pais de Belenice quando se casaram, e Izequiel a foi aumentando, reformando e equipando. Ele gostava muito do seu lar. Belenice ainda não chegara, mas estava vindo.

"Belenice", pensou Izequiel, "que mulher maravilhosa! Que casamento bom é o nosso! Lembro que eu chorei muito no nosso casamento, estou sempre chorando, mas aquele dia foi de alegria. Aceitamos nossa união. Belenice é uma excelente esposa, nós dois nos amamos, nos respeitamos e combinamos muito. Foi o 'então' bom que me aconteceu".

Foi verificar se tudo estava no lugar e fechado; no quintal, recolheu as roupas que estavam na área coberta e também os brinquedos dos filhos. Com tudo verificado, entrou. Belenice chegou com os dois filhos, um casal que, para Izequiel, eram as crianças mais lindas do mundo. De fato eram bonitos, sadios, crianças felizes e amadas. Ele as beijou.

— As aulas pararam — explicou Belenice —, porém alguns pais se atrasaram para ir buscar os filhos. Quando saí da escola ainda tinha algumas crianças lá, ficaram com eles duas professoras que não têm filhos pequenos. Saí da escola, corri para a creche, os peguei e vim rápida. Será que teremos mesmo a tempestade?

— Com certeza — afirmou Izequiel —, as nuvens já cobriram o céu e começou a ventar.

Belenice deixou as crianças na sala com seus brinquedos, Izequiel pegou velas, ela foi para a cozinha. Izequiel ficou olhando a rua pelo vitrô. O tempo realmente fechara. Ele ligou o rádio e o locutor continuava com os pedidos para se abrigarem, não saírem, não ficarem em lugares perigosos, e dizia que as balsas estavam paradas e que era para ninguém ir para o porto. O rio estava enchendo rápido, pois já estava há dois dias chovendo forte nas cabeceiras.

"Parece com aquela!", recordou Izequiel. "Com aquela tempestade em que se deu a enchente. A enchente... recordo-me... Recordar é reviver algo que se passou, de bom ou ruim. Pelas lembranças, a gente pode ter alegrias ou não, porque essas recordações podem ser de acertos ou erros. Naquela casa, foi a primeira vez que, conversando, não recebi críticas, mas incentivos, e que de fato me propus a ser uma boa pessoa. Foi uma experiência incrível, inacreditável, nunca contei a ninguém o que ocorreu naquela casa à beira da estrada, prometi não contar e não o fiz, nem para Belenice. Como dizer: 'Abriguei-me numa casa com outras pessoas de quem nem sei os nomes e um morto, assassinado'? A menina pensou que eu me chamava Rodrigo. Um bonito nome, o demos para o nosso filho. Queria muito que eles, os outros quatro, estivessem bem, até o morto. Naqueles dias lá, senti muito medo, temi ser acusado novamente e, inocente, retornar à prisão. Enquanto estava lá, e tempos depois, pensava e queria que tivesse sido outra pessoa e que não fosse nenhum dos que estavam na casa o assassino. Mas agora penso que era improvável. Uma pessoa que anteriormente estivesse na casa e o matasse, o que faria depois? Com aquela chuva não poderia atravessar o rio menor nem pegar a balsa. Onde se abrigaria? Esse era o pensamento dos outros três e agora concordo com eles. Com certeza eles desconfiariam de mim e talvez um do outro, menos o assassino, pois esse o matara. Poderiam pensar que eu poderia ter invadido a casa para roubar, fui impedido e o matei; ou então que o Zé Di havia sido o amante daquela mulher que me acusara e que eu me vinguei. Não foi nada disso, eu não iria roubar ninguém e não foi o Zé Di que me acusou, eu nem o conhecia, o vi somente depois de morto. O fato era que: o José Diogo, o dono da casa, quando o encontramos, havia pouco tempo que morrera. O homem era um forte suspeito. Talvez tenha sido o Zé Di o assassino de sua filha. Vingou-se. Zé Di tirou a filha do homem da vida física, o homem tirou a dele. Ambos assassinos. Se foi isso, é pena, o homem sofrera muito e era uma boa pessoa. A mãe pode ter sido a assassina. Ela pode ter entrado na casa e se defendeu, ou a filha, e o matou. Ou a mãe foi por aqueles lados atrás dele, pode ter sido o homem que a abandonou; na casa eles discutiram, ele disse coisas desagradáveis e ela o matou. Certeza mesmo é que não foi a menina. A filha, garota educada e comportada. Mas, para mim, ainda é mais provável a assassina ser a moça. Ela entrou como convidada na casa após bater na porta. Zé Di a ameaçou com uma faca e a levou para o quarto, para a cama; a moça, forte, treinada, conseguiu desarmá-lo e cortou o seu pescoço, penso que ela não quis matá-lo; assustou-se, saiu da casa, escondeu-se e, ao me ver chegar na área, foi ter comigo. E o morto? Que será que aconteceu com ele? Será que encontraram as ossadas? Penso que não."

Olhou para o rádio, que continuava ligado, e lembrou do outro, o que trouxera da casa, que há tempos doara para um companheiro. A energia elétrica acabou; embora fossem quinze horas e trinta minutos, escurecera, ele acendeu as velas. Pelo vitrô, via a rua e o vento forte levara caixas, lixos, papéis etc. Um trovão forte assustou as crianças e Belenice resolveu cantar, todos a acompanharam, eram hinos que cantavam no templo. As crianças se acalmaram e Belenice foi fazer o jantar.

Às dezessete horas o vento abrandou, não relampejava e trovejava mais, porém a chuva continuava forte. Izequiel telefonou para a obra, o vigia atendeu e o tranquilizou, tudo estava certo por lá. Ia jantar quando o telefone tocou, era o pastor pedindo ajuda, muitas casas perto do templo tiveram estragos, ele estava lá e aguardava um grupo para auxiliá-lo.

Izequiel jantou rápido, se trocou para ir. Os frequentadores de seu templo faziam muitos trabalhos voluntários. Ele, enquanto se trocava, calçou galocha, pôs capa de chuva e pensou:

"Trabalho é uma lei natural do Criador e por ele desenvolvemos a inteligência e o aprendizado. Trabalho voluntário nos dá bem-estar e alegria. Trabalhar de forma voluntária é fazê-lo para Jesus, e o resultado é amizade, amenizar sofrimentos, orientar e mostrar o bom caminho. Foi o que recebi quando estava na prisão. Grupos de voluntários evangélicos me orientaram. Meus companheiros visitam prisões, reúnem-se em grupos e vão duas vezes por mês. Eu não vou, não tenho coragem, faço outro trabalho."

Esperou na área, logo passou uma perua e ele foi com o grupo. O trabalho foi intenso; eles foram às casas, ajudaram as pessoas a sair da área de risco e as levaram para o templo. Ele e outros dois companheiros foram a todas as casas do bairro, ajudando os que ficaram e levando os que queriam ir. E a chuva continuava, ora mais grossa, ora mais fina, mas não parava. Com todos os lares visitados, foram para o templo; lá, um grupo fazia sopa, servia café com pão, secava as pessoas, as fazia trocar de roupas, colocando secas. Terminaram às duas horas e trinta minutos. Dois voluntários ficariam ali e os outros iam embora, Izequiel voltou para casa. Chegou molhado, enlameado, tirou as roupas na área. A energia havia voltado, tomou banho, alimentou-se e foi dormir. Ele não dormia sem fazer suas orações, mas estava tão cansado que somente disse:

— Deus, Pai Amoroso de todos nós, me desculpe por não orar. Digo somente "obrigado". Antes ser útil do que necessitado. Já fizeram por mim, agora posso fazer por outros. Obrigado!

Dormiu! Acordou tarde para ele, nove horas. Levantou-se e telefonou para a obra, outro vigia atendeu e confirmou que tudo estava certo. A chuva continuava da mesma forma. Olhou pelo vitrô a rua e exclamou baixinho:

— Então aconteceu a forte chuva!

Ele ainda tinha o costume de falar "então aconteceu". Lembrou-se de quando começou a falar isso, foi na prisão. Ele teve um companheiro de cela, um homem mais velho, tinha na época quarenta e seis anos, porém parecia mais e todos o chamavam de Véio; tinha os cabelos ralos e brancos e muitas rugas. Gostava de contar casos e sempre começava suas histórias assim: "Então aconteceu". E às vezes as terminava também assim. Na prisão o tempo passava lentamente e escutá-lo era um lazer. A história dele também era triste: ele, por ciúmes, matou a companheira e o amante dela, ia ficar muitos anos preso. Izequiel o admirava, gostava dele, era uma pessoa boa, matou num impulso e se arrependera. Por escutá-lo passou a falar. Não contara a ninguém esse fato, por ali ninguém sabia que estivera na prisão. Sabiam o pastor, que fora transferido, e Belenice, que nunca mais falou sobre isso. Ele saiu da prisão, o Véio ficou e não soube mais dele.

"Foi um período difícil", concluiu Izequiel. "Lembro-me, mas passou. Foi o que aconteceu, então passou."

— Izequiel — disse Belenice —, minha irmã trouxe seus dois filhos para eu olhar, ela e minha mãe foram ao templo, prepararão refeições para os abrigados.

— Como na obra tudo está bem e hoje, por estar ainda chovendo, não voltaremos a trabalhar, após eu tomar meu desjejum, vou para lá — decidiu Izequiel.

Foi o que ele fez e ficou até a noite ajudando a consertar as casas que foram danificadas. Pelas notícias, souberam que houve estragos em muitos lugares, o rio enchera inundando, mas não houve mortes. Chegou em casa à noite, cansado, vira muitas tristezas, mas estava em paz.

"A chuva forte, a enchente do rio, como não lembrar daquela outra? Porém era diferente naquela época, eu estava na condição de ser ajudado, e fui; o homem me deu dinheiro para viajar, me deram as roupas, objetos do morto. Agora estou em condição de ajudar. Afirmo com sinceridade que é melhor ajudar, servir do que ser servido." Orou agradecido.

"Às vezes", pensou, "tenho vontade de conhecer um pouco sobre as outras religiões, saber o que elas fazem, a forma que creem. Mas estou contente com o que sigo. 'Religião boa é aquela que nos faz bem.' Escutei isso de um companheiro de trabalho e concordo. Como também penso que todas as religiões que ensinam a fazer o bem e a evitar o mal nos levam a Deus. São muitos os caminhos que nos levam ao Pai. Concluí isso depois que escutei uma história de outro companheiro. Ele me falou sobre uma lenda. Ele não sabia se era lenda, fábula ou conto, disse que ouvira de sua mãe, gostou e, por esse relato, entendera a verdade. Ele contou: 'No céu havia um grande espelho, enorme mesmo, era a verdade. Um dia o espelho verdade caiu do céu e espatifou na Terra. Aqueles que procuram a verdade e querem que ela seja para o bem encontram um pedaço, ou uma fração; outros mais dedicados acham pedaços maiores, mas um pedaço somente. Assim somos nós na Terra: se procurarmos a verdade, poderemos encontrar um pedaço; embora seja um pedaço, é a verdade. Assim, a verdade é vista pelo pedaço que encontramos. Religiões são assim: pedaços da grande verdade. Todos que honestamente procuram, honram a Deus, têm o seu pedaço da verdade'. Achei o que ele falou lindo. Tenho, na minha religião, um pedacinho da verdade, e será ela o meio de ter um maior pedaço no futuro. Não podemos dizer que a religião do outro está errada, são pedaços da verdade".

Isso deu muita tranquilidade a Izequiel; de fato, a religião da qual era adepto lhe fazia bem, então era boa e respeitava todas as religiões.

A chuva parara e teria de ir à obra no outro dia, o trabalho reiniciaria, estava agradecido. Alegria! Dormiu tranquilo.

CAPÍTULO 11

ISADORA

Aquela tarde Isadora estava saudosa. Por consertos na quadra e por terem anunciado chuvas fortes, o treino fora suspenso e até o ginásio aonde ia sempre fazer ginástica estava fechado. Onde dava aulas como voluntária, o fazia em duas escolas da periferia, as quadras não eram cobertas e, com chuva, não podia haver treinos. Restou ficar em casa. Ligou a televisão no canal de notícia e, entre as muitas notícias, a que chamou sua atenção foi sobre uma tempestade na região em que estivera, morara, onde o rio estava enchendo, as balsas pararam e as águas do rio inundavam as margens.

"Com certeza", pensou Isadora, "a enchente trará estragos e destruição. Será como a outra? Como esquecer? Não fico relembrando, quis mesmo esquecer, mas não tem como. Não é possível ignorar o que ocorreu naquela casinha à beira do caminho. Foi muito surpreendente. Tenho curiosidade e gostaria de saber o que aconteceu com eles, gostei de todos. A menina, que doce! Como era educada e comportada! Ela tinha na época seis anos e cinco anos se passaram, ela então está com onze anos. O tempo passa... as lembranças ficam, essas são para sempre. Com certeza nunca irei esquecer o que ocorreu naquela enchente. Nem quando desencarnar. Penso que desencarnada é que irei saber quem matou o dono daquela casa, o Zé Di. Desencarnar, Plano Espiritual, reencarnar, é muito gratificante eu ter conhecido o Espiritismo. Isso foi por causa de Fabíola. Muitas coisas aconteceram comigo nestes anos. Foi o 'então aconteceu'. Não menti naquela casa. Foi a primeira vez que fui sincera ao contar o que ocorrera comigo. Minha vida! De fato eu sofri. Não é bom revidar ofensas e agressões. Não é nada bom! Mudei diante de um problema sério, um morto e outras pessoas com dificuldades. Todos ali foram sinceros, eu fui. Lembro bem, estava revoltada, inquieta, infeliz e fiquei irada por não atravessar o rio. Queria chegar logo ao meu destino, me livrar da chuva e começar a trabalhar, esquecer minhas mágoas. Sentimo-nos assim quando estamos magoados: infelizes. Culpava os outros e mais a Deus: Por que não me fez homem? Por que nasci mulher? Mas, se tinha de nascer mulher, por que não me fez sentir mulher? Ali na casa, escutar os outros com problemas me fez compreender o meu. Mas entendi mesmo o meu problema quando, convidada por Fabíola, fui a um centro espírita, o que ela frequenta, então passei a entender a vida e os porquês que tanto me infelicitavam. Lembro a primeira vez que fui. Fabíola já havia me convidado, fui adiando. Fui quando ocorreu uma tragédia para todos nós no grupo de jogadores. Um dos jogadores de basquete, um rapaz de dezenove anos, desencarnou num acidente; ele foi socorrido muito machucado e queimado, ficou quarenta e cinco dias no hospital e desencarnou. O acidente foi provocado por um homem que, bêbado, colidiu com o carro desse jovem. Aí a famosa indagação: 'Por quê? Por que morreu o que estava certo e não o que estava errado, o que fora imprudente?'. Fabíola explicou: 'Isadora, tudo o que fazemos de errado ou certo fica em nós marcado. Renascemos muitas vezes, isso é a reencarnação. O que não podemos entender no momento poderemos compreender se acreditarmos que voltamos à Terra muitas vezes. Pense um pouco: se tivéssemos uma existência somente, onde estariam tantas almas que aqui nasceram e já morreram? O inferno seria imensamente grande e o céu também. Temos, na atualidade, como afirmam os estudiosos das pesquisas, oito bilhões de habitantes na Terra. Morrem e nascem muitos todos os dias. Estudiosos espirituais afirmam que no nosso Planeta Terra tem vinte bilhões de espíritos, sendo oito bilhões encarnados, e então doze bilhões estão na erraticidade, desencarnados. É um vai e vem, ora lá, ora cá'. 'E os anjos da guarda, são habitantes do Planeta Terra?', quis saber. 'Com certeza, até Jesus, o nosso governador, nosso espírito mais elevado, evoluído, o é porque assim Ele se fez, é um dos vinte bilhões. Os desencarnados estão nos Planos Superiores, nas colônias, nos postos de socorro; outros vagam; muitos estão nos umbrais; infelizmente há os que estão nos Vales dos Suicidas; alguns outros, trabalhando com encarnados fazendo o bem; e infelizmente alguns atrapalhando como obsessores. Anjos da guarda, guardiões, são como um orientador, responsável por uma colônia, cidade do Plano Espiritual, que governa muitos, atende os que pedem, que está atento aos que necessitam e a quem podemos nos ligar pela oração, pensamento, pedindo proteção, de forma que com certeza a teremos. Assim deveria ser um presidente de um país, um governador, prefeito, um líder religioso etc., que deveria cuidar de todos. Aí entra o raciocínio: se temos vinte bilhões de espíritos, sendo oito bilhões encarnados, sobram doze bilhões; e se todos os encarnados tivessem seu espírito guardião, anjo da guarda, já teríamos dezesseis bilhões, restando somente quatro bilhões para preencher os outros lugares, que, pelo que sabemos, são muito povoados.' Fabíola fez uma pausa para depois continuar me esclarecendo: 'Você não deve lamentar com revolta a desencarnação desse jovem. Se tivéssemos uma vida somente, uma encarnação, seria injusto, mas, entendendo que Deus é misericordioso, que nos dá muitas oportunidades, compreendemos esse fato. Exemplo: um jovem suicida. Não existem motivos justificáveis para essa atitude, mas podem ter atenuantes, como: obsessão, que é uma perseguição de um desencarnado sobre o encarnado; doenças psíquicas... mas, se ele se tirou de sua vida física, ele se matou. Arrepende-se, recebe a bênção de retornar pela reencarnação à vida física; aí, por algum motivo, para desencarnar tem que haver um motivo, acontece algo e ele desencarna; aprendeu com esse fato a amar a vida, tanto no físico como no espiritual; com certeza, se aprendeu a lição, nunca mais, em encarnações futuras, ele se suicidará, dará valor ao período que lhe foi determinado ficar no Plano Físico. Não sei, não sabemos o que aconteceu para esse jovem sofrer esse acidente e desencarnar tão jovem, é bom que não saibamos, mas para tudo tem motivo e não devemos pensar que a desencarnação seja castigo. Para a pessoa boa, viver na Espiritualidade é melhor do que no Plano Físico, porém temos que viver bem e para o bem onde estamos no presente'. Gostei demais dessa explicação e fui ao centro espírita. Escutar palestras, receber as energias benéficas do passe foi muito agradável. Conhecer a Lei da Reencarnação me fez entender a vida, melhor a Deus, acreditar Nele e saber que o Pai Amoroso é misericordioso e justo. Não ter inferno eterno nem céu de ociosidade me deu segurança. Tornei-me espírita, passei a frequentar cursos que a casa oferece, a assistir palestras, a ler livros da literatura espírita, a admirar o que estava aprendendo. Como treinadora, lidando com jovens, via suas muitas dificuldades; passei a lhes dar mais atenção e a ajudá-los, tentando resolver os problemas deles. E fiz algo que me deu, dá, muitas alegrias: treino cadeirantes, pessoas com deficiências físicas. Os jovens jogadores me ajudam e eles se sentem contentes em fazer algo bom, como: comprar cadeiras novas, fazer pressão para a prefeitura buscá-los em suas casas para levá-los ao treino e depois de novo levá-los aos seus lares. Os jovens também me ajudam a treiná-los. Facilitamos a vida de muitos deficientes, e eles, com objetivos, passaram a viver melhor".

Isadora estava gostando de recordar:

"Talvez seja a chuva forte! São muitas lembranças... Também ajudei muitos jovens a se tornarem atletas na periferia, dando a eles tênis, uniforme, e fiz até agora duas jovens atletas profissionais. Estou contente com a minha profissão. Estou, sim! Fiquei no emprego após a enchente por dois anos. Os times estavam bem e, no campeonato estadual, o time feminino ficou em terceiro lugar. O dirigente de um time da capital do estado me convidou para ser a técnica da equipe que, no campeonato, ficara em sétimo lugar. Aceitei e mudei para a capital. Aqui eu treino somente o time feminino, que é profissional, mas dou palpites no time masculino; continuei a fazer treinos como voluntária na periferia e com deficientes, que até já competiram e ganharam. Todos gostam de mim, talvez seja porque eu gosto de todos", suspirou de alegria, estava tranquila. Continuou a pensar:

"Realmente me encontrei na Doutrina Espírita! Lembro-me bem que numa noite no grupo de estudo, por ser véspera de um feriado, havia poucas pessoas, nem Fabíola fora. Marisaura, a orientadora, eu a admirava, aproveitei que poderíamos fazer perguntas e a indaguei: 'Por que a homossexualidade?'. Ela me explicou: 'É de fato um assunto vasto. Muitos estudiosos deram opiniões sobre o assunto, eu tenho a minha. Crimes, erros ligados à sexualidade são estupros e abusos, que podem ser chantagens e relacionados aos sentimentos, como quando se conquista para abandonar. Estupros são atos de grande maldade. Quanto às orientações sexuais, podemos dar muitas explicações dentro da Lei da Reencarnação. Será que é para aprender a não ter preconceitos? Se anteriormente fora preconceituoso, fez outra pessoa sofrer, não veio para sentir o preconceito e aprender a não tê-lo mais? Pode ser. O espírito não tem sexo, mas, quando o espírito veste um perispírito, todos nós terráqueos o vestimos, e essas vestimentas podem ser mais sutis em uns e mais grosseiras em outros, tem sexo, o que ele quer ou o que vestiu na sua última encarnação. Um espírito, por ele ter tido muitas vestes, pode gostar mais de se sentir feminino ou masculino. Pode-se mudar na Espiritualidade de sexo, o espírito se prepara, muda e reencarna, não tendo problemas nesse sentido. Porém reencarnar sentindo-se masculino num corpo feminino pode acontecer. Por que isso ocorre? Para a mesma reação, as causas podem ser muitas. Algumas vezes o espírito quer muito reencarnar, ser filho de determinado casal, aproxima-se da mãe, que vai engravidar, sem se importar com o sexo do feto, que pode ser contrário à forma como se sente.

Gravidez é algo físico. Somente em reencarnações assistidas, de espíritos com merecimento, pode-se interferir no sexo e em algumas particularidades escolhidas. Se não for e o sexo não for aquele com que ele se identifica, terá de aprender a conviver com esse fato, que deve ser secundário, porque o objetivo da reencarnação é progredir, fazer o bem, se melhorar, fazer de tudo para entender que o psicológico não corresponde à realidade física. Portanto é completamente compreensível com a Lei da Reencarnação'. Agradeci a explicação e fiquei a pensar o que teria de aprender. Talvez, concluí, eu teria de aprender a não ser melindrosa, a não ter preconceito, não me ofender com nada, a ter dignidade e fazer o bem. Talvez meus pais, por mim, tenham de aprender a não ter preconceito. Vou tentar ensiná-los".

Suspirou novamente, tomou água e voltou aos seus pensamentos.

"Bem", concluiu Isadora, "estou bem na profissão, me encontrei no Espiritismo. Compreendi o que se passa comigo, me aceitei, aceito todos como eles são. Estou em paz".

Levantou, desligou a televisão, tomou café. Sentou-se numa poltrona e pensou em seus pais.

"Faz duas semanas que fui visitar meus pais. Papai fez uma cirurgia e eu fui cuidar dele. Fiquei três semanas nas minhas férias com eles. Lá fiz de tudo, fui a bancos, paguei contas e cuidei deles com carinho. Há tempos que nós nos entendemos, não tivemos mais desavenças."

Lembrou:

"Na cidade em que morei após aquela enchente, realmente eu mudei. Passei a telefonar para eles, e eles, para mim. Papai e mamãe vieram me visitar, não pude hospedá-los porque o apartamento em que morava era minúsculo; eles se hospedaram num hotel, viram o que eu fazia, meu trabalho, aprovaram, gostaram. Fui educada com eles, os compreendi, meus pais não queriam que eu fosse assim, como eu era. Se eu não me aceitava, como exigir ser aceita? Queriam-me 'normal', como se eu não fosse, mas para eles eu não era. Aceitei tudo o que me deram, telefone, depois um carro, fui, sou agradecida. Passei a me vestir, como o homem na casa me aconselhou, com roupas mais femininas, deixei meus cabelos nos ombros, usava brincos, passava batom e alguma maquiagem, esmaltava as unhas. Mamãe aprovou. Convidaram-me para ir visitá-los antes do Natal, fui e levei presentes para todos. Na cidade em que residia havia muitos artesanatos. Comportei-me, não reagi a indiretas, a perguntas que antes achava ofensivas. Foram cinco dias em que tudo deu certo. Quando mudei de cidade, meus pais vieram me visitar, e papai tentou me explicar: 'Isadora, sua mãe e eu resolvemos dividir o que temos. Certamente deixaremos para nós o suficiente para vivermos bem. Darei a você uma parte, quero comprar para você um bom apartamento, trocar seu carro, colocar um dinheiro para você aplicado num banco. Você não tem herdeiros, filhos, seu irmão e irmã têm. Espero que não se chateie, porque receberá menos'. 'Com certeza receberá menos que seus irmãos', disse mamãe. Eu me lembrei, naquele momento, de uma palestra que escutara na televisão, de uma profissional famosa, que se aplicava bem para mim naquele momento. Falei o que ouvira para meus pais: 'Uma pessoa fez um jogo. Chamou várias pessoas para jogar e deu, a cada uma, dez reais. Deu! Depois disse: Se você que recebeu dez reais tivesse de repartir com outra pessoa esses dez reais, como dividiria? Metade para você, metade para a outra? Ou seis reais para você e quatro para o outro? Nove para você e um para o outro? Ou um para você e nove para o outro? Assim, foi falando como poderia fazer a divisão. Mais da metade das pessoas, inclusive eu, falou a metade, o que, para mim, me pareceu justo. No final ela disse: Esqueceram que ganharam? Quem ganhou um não tinha nada. Assim é a vida: se ganhamos, temos que nos satisfazer com o que recebemos. Ganhar um é ganhar. Que nos importa o outro? Ganhamos, devemos ficar contentes e tentar fazer desse um algo de bom. Mamãe, papai', completei: 'estou ganhando menos que meus irmãos, não importa, estou contente e agradecida. Muito obrigada!'. Percebi que eles ficaram admirados, se surpreenderam, talvez tivessem pensado que eu reagiria negativamente. Papai, de fato, comprou para mim esse apartamento, num prédio bom, com dois apartamentos por andar, tendo três quartos, sala grande, cozinha e área de serviço; também compraram o mobiliário, trocaram meu carro e colocaram no banco dinheiro aplicado em meu nome. Fiquei de fato contente, e mais ainda quando eu pude cuidar de papai após a cirurgia. Emocionei-me quando eles, na despedida, me abraçaram, não me lembrava deles me abraçando e agradecendo. Choramos. Eu lhes disse: 'Amo os senhores. Não lhes peço desculpas por não ser o que queriam que eu fosse, mas tentei ser o melhor que pude. Aprendi a não ter preconceito e espero que os senhores aprendam também. Preconceito é um sentimento negativo e ruim. Devemos aprender a amar e sem preconceito'. Recebi dois beijos sonoros que ainda estão ecoando na minha mente".

Isadora enxugou o rosto porque lágrimas escorreram pela sua face.

"Fabíola! Minha doce Fabíola! Quando me mudei para cá estava contente com o apartamento, e minha vizinha de andar era uma moça, morava sozinha, é professora universitária, simpática, me deu as boas-vindas e ofereceu ajuda. Agradeci e nem me lembrei mais dela. Dois meses depois, tivemos uma reunião de condomínio. Fui, para mim tudo estava bem, escutei e não dei opinião. Quando acabou, subimos juntas, já que morávamos no sexto andar. Ela se queixou de uma torneira vazando, ofereci-me para arrumar e de fato a consertei, tomei um lanche e conversamos. Gostamos uma da outra. Ela me convidou para ir ao centro espírita; no terceiro convite, fui e foi, sem dúvida, a melhor coisa que me aconteceu. Passamos a nos relacionar. Fabíola é solteira, muito estudiosa, já se envolvera anteriormente por duas vezes, mas não deu certo. Começamos com amizade, que passou a ser amor. Nós nos respeitamos e optamos por ser discretas, cada uma no seu apartamento, raramente saímos juntas; se alguém desconfiou, não tivemos conhecimento. Meus pais vieram me visitar, eles têm vindo duas vezes por ano, agora ficam hospedados no meu apartamento. Eles viram Fabíola no elevador e mamãe comentou: 'Simpática a sua vizinha. Você tem amizade com ela?'. Respondi: 'Não, a vejo pouco, cumprimentamo-nos somente'. Penso que deve ser assim. Não quero que meus pais sofram mais com esse fato. Entendi que eles sofreram muito por eu ser diferente e por eles não aceitarem. Espero que no futuro haja mais aceitação e menos preconceito."

Isadora ligou novamente a televisão e escutou a notícia de que o rio enchera, inundara as margens e, pela chuva forte, houvera estragos em estradas e em casas, deixando muitas pessoas desabrigadas, mas que, até o momento, não tiveram notícias de mortes.

"Aquela chuvarada! A enchente! Mudou a minha vida! Devo ser grata a ela e a eles, que estiveram naquela casinha à beira da estrada. O que será que aconteceu com eles? Encontraram o morto? Quem o matou e por quê? Se eu não soube naqueles dias, não será agora que irei saber. Lembro-me bem, andando rápido pela estradinha enlameada, vi a casinha e passei reto. Cheguei à passarela, não a vi, o riozinho se tornara um riozão com correnteza forte. Concluí que não dava para atravessá-la, então voltei, ali eu não poderia ficar. Senti, logo após ter me afastado da passarela, vontade de ir ao banheiro; entrei no mato, escolhi um local e o usei como vaso sanitário. Não me senti bem, estava enjoada, sentei num tronco de árvore e esperei por uns instantes; melhorei, resolvi voltar para o ponto dos barcos e o fiz andando pelo campo, era melhor que a lama da estradinha. Vi a casa e um moço se aproximando, resolvi parar ali e pensei: 'Quem sabe não posso me hospedar ali?'. Foram chegando os outros e encontramos o morto, e assassinado. Com certeza um deve ter desconfiado do outro. De fato poderia ter sido um dos quatro, menos a menina, é claro. O homem disse que conhecia o Zé Di. E os outros, o conheciam? Teria sido o Zé Di o amante delator da amada do moço? Ou ele ter tentado roubá-lo e brigaram? Ou fora o Zé Di que assassinou a filha do homem? Ou ele era a pessoa que abandonara a mãe? Mistério! Agora penso que foi outra pessoa que matou o dono daquela casa, talvez o fizera para roubar. Vi que algumas roupas dele eram boas e caras, ele poderia ter dinheiro, alguém o matou para roubar e foi embora, escondeu-se em outro lugar. Ou foi por vingança, alguém ligado ao rapaz que fora assassinado o matou para o vingar. Se a pessoa era da região, com certeza saberia onde se esconder, se abrigar. Deve ter sido isso que ocorreu."

Isadora jantou, leu umas páginas do livro: *O Evangelho segundo o Espiritismo*, orou e foi dormir. Estava contente por estar em paz.

"Graças àquela enchente!", suspirou aliviada.

CAPÍTULO 12

MUDANÇAS

Emília, Mila, chegou em casa, parara o carro em frente ao portão porque sua sogra, Lourdes, parara em frente à sua garagem. Olhou aborrecida para as nuvens escuras que anunciavam chuva. Virou para ver o carro de sua sogra.

"Por que ela está aqui sabendo que eu não estou?"

Entrou, tentou se controlar e a encontrou na sala com Luidi no colo. Era para o filho estar dormindo. Mila a cumprimentou séria, esforçando-se para se controlar.

— Vim aqui e, ao beijar Luidi, que dormia, ele acordou e quis vir para o meu colo — explicou Lourdes.

— Por que a senhora veio agora? Sabe que eu levo as crianças à escola e que nesse horário, após o almoço, Luidi dorme.

— Quis vir e vim — respondeu a sogra.

151

Luidi choramingou e deu os braços para a mãe, que o pegou, ela o tirou mesmo do colo de Lourdes. Acariciou o filho e chamou a babá, que veio rápido, e ela pediu:

— Leve Luidi para a cozinha, dê a ele um suco de laranja e fique lá com ele.

A moça pegou Luidi, que choramingava, ele queria a mãe. Mila suspirou fundo, tentou se acalmar e falou:

— Dona Lourdes, já dei a entender, penso que a senhora não compreendeu, então serei clara: não a quero aqui no meu lar sem ser convidada nem no horário em que sabe que não estou. Não era para ter acordado Luidi, ele acorda com sono e fica manhoso.

— Não posso vir ao lar do meu filho quando quero? Quis vir e vim, queria ver Luidi.

Lourdes, arrogante, levantou a cabeça e a encarou, Mila não se intimidou. Ela não mais o fizera; nunca mais, depois daquelas conversas na casinha à beira do caminho, se deixou intimidar. Levantou também a cabeça e encarou a sogra.

— Dona Lourdes, de fato a casa é de Lúcio, que infelizmente é seu filho, mas é minha também e de nossos filhos. Vou ser clara: não a quero aqui, venha somente quando convidada, não a quero dando palpites na minha casa e na nossa vida.

— Você não me perdoa! Diz ser religiosa e não perdoa!

Lourdes tentou fazer com que a nora se lembrasse de que era religiosa. Porém ela não havia lhe pedido perdão. Mila não se comoveu e respondeu:

— Sou religiosa, sim! Perdoei também! Porém não quero dar chance para ter de perdoá-la novamente. Não quero sua ajuda, porque não preciso e não quero de jeito nenhum sua interferência. A senhora entendeu? Não sou como Juliete, a primeira esposa de Lúcio. A senhora interferia na vida deles, mas comigo é diferente. Não quero. Não aceito!

— É melhor me ter como aliada do que como inimiga! — Lourdes se alterou.

— Não a quero como aliada nem como inimiga! Não quero ter inimigos e não os terei. Porém, já que estamos sendo claras, eu, sincera, a aviso: esta casa é minha, sou eu que moro aqui, os filhos são meus! Eu sou a mãe! Repito: não a quero aqui! Então tenha a fineza de não vir mais sem ser convidada, principalmente quando eu não estou, e não mexa nas minhas coisas. Não acorde meu filho! Não dê palpites na forma como eu os educo!

— Impressionante como se tornou ousada! "Casa sua"! — ironizou Lourdes.

— Enquanto eu morar aqui nesta casa, sou eu quem manda. A senhora está me lembrando que a casa materialmente é de Lúcio. Não seja por isso, eu também tenho uma casa. Mas aqui não é somente uma casa, é um lar. Não quero ser indelicada, mas não me importo em ser neste momento. Defendo-me. Então, preste atenção, vou repetir: não quero interferência na minha vida. Não quero que a senhora venha aqui quando eu não estou. Não quero que dê palpites no modo como vivemos. Fui clara?

— Sim e estou pasma! — Lourdes se admirou.

— Então é melhor ficar pasma em sua casa, porque vai chover. Boa tarde!

Mila se levantou e ia abrir a porta, mas Lourdes se adiantou, abriu e saiu rápida. Mila fechou a porta. Viu, pela janela, a sogra sair, e ela então guardou o carro; foi, após, pegar Luidi, que havia tomado o suco. Aproveitou que as duas funcionárias estavam na cozinha e disse:

À Beira do Caminho - 153

— Quando avisarem na portaria que dona Lourdes quer vir nos visitar, me perguntem se eu posso recebê-la; se eu não estiver em casa, não autorizem. Entenderam?

— Sim — responderam as duas.

Mila voltou à sala, mimou o filhinho, e ele adormeceu novamente. Colocou-o no cercadinho que estava na sala, onde tinha um colchão e travesseiro, sentou-se numa poltrona. Tinha aula de inglês, mas resolveu não ir. Telefonou desmarcando; após, ligou para Ritinha. Quando ela se mudou, comprou um telefone com o dinheiro que tinha guardado; naquela época, era necessário comprar a linha de telefone, que normalmente custava caro; ainda tinha um bom investimento e, como planejara, somente o usaria se de fato precisasse. Ritinha continuava sendo a amiga querida, telefonava sempre para ela e, uma vez por semana, ia visitá-la. Agora ela morava com uma moça, uma garota boa, que estudava e uma fazia companhia para a outra. Mila se alegrou em escutar a voz da amiga, que muito a ajudou.

— Dona Ritinha, a senhora está bem? Vai chover. Já fechou a casa? Tomou o seu remédio? Aqui estamos todos bem. Telefone se precisar de alguma coisa. Abraços.

Sentou-se no sofá. Começou a chover forte.

"Foi numa chuvarada que me encontrei com aquelas pessoas; para mim foi uma terapia. Rejeitei-me por muitos anos. Parecia não ter personalidade, fazia tudo para outras pessoas e, como sofri abusos, não reagia a nada, sentia que merecia. Quando percebi isso, mudei, continuo sendo uma pessoa boa, educada, mas não rejeitada. O fato é: se me respeito, não me permito ser rejeitada. Dona Lourdes disse que eu não a perdoei. Perdoei, sim, mesmo ela não me pedindo desculpas. Porém ela não me é uma pessoa querida. Não que não goste dela, mas ela infelizmente é uma pessoa de quem devo me precaver. Por anos foi ela quem mandou no lar de Lúcio. A primeira esposa dele, Juliete, era totalmente submissa. Penso que Juliete teve, na dona Lourdes, uma aliada para se casar com Lúcio e depois para não perdê-lo, e isso ocorreu quando ela separou o filho de mim. Quando doente, Juliete precisou de dona Lourdes, mas, no meu ponto de vista, não tanto, porque ela tinha pais, e as crianças, os avós maternos. Eu me dou bem com eles, com os pais de Juliete, são boas pessoas. Dona Lourdes mandava em Juliete, e muito. Lembro bem quando fui a seu pedido no hospital visitá-la. O que Juliete me disse ficou gravado em mim: 'Mila, sei que Lúcio sempre a amou. Já sofri por isso, agora não sofro mais. Pelo ocorrido e por vê-la agora, sei que é boa pessoa, será uma boa mãe substituta para meus filhos. Peço-lhe duas coisas. Não. Três. A primeira é que ame meus filhos como seus. E cuide de Lúcio. A terceira é: preste atenção na dona Lourdes, será sua sogra. Quando eu percebi o que ela fazia comigo, o tanto que ela nos manipulava, já era tarde. O fato é que era ela quem mandava no meu lar, quem decidia tudo, até sobre meus filhos. Arrependo-me. Isso não fez Lúcio gostar de mim; gostar, ele gosta, mas não me ama, nunca me amou. Não a deixe mandar em você. Dona Lourdes, devagar, vai se posicionando e, quando você perceber, é ela quem está dirigindo seu lar, e todos têm que fazer o que ela quer. Preste atenção, não erre como eu. Tenho muito que agradecer o que você fez pelo Otávio. Sim, quero agradecer. Cuide deles por mim. Não pense que me trai. Tenha sua vida com Lúcio. Não me sinto traída'. Juliete começou a tossir, ela falara demais, a enfermeira tentou aliviá-la. Ela então me fez um aceno com a mão, tentou sorrir e eu saí do quarto. Juliete, você era uma boa pessoa. É! Ela, com certeza, sabia que ia desencarnar e de fato o fez quinze dias depois. Sentimos a desencarnação dela. Atualmente, Otávio está com treze anos; Marcela, com doze; Giovana, com onze anos; e Luidi, com oito meses. Eu os amo! Amo muito! A vida deles mudou e a minha também. Grande mudança! Na semana passada foi o aniversário de Otávio, ele fez treze anos e nunca tivera uma festa de aniversário. Por quê? Porque dona Lourdes não gostava, dizia que era algo supérfluo, que crianças não precisavam de festas. Mas, quando Otávio e Marcela escutaram que Giovana tinha festa de aniversário, demonstraram querer. Eu organizei. Aluguei o salão de festas do condomínio, contratei um bufê e aluguei brinquedos. Convidei todos os coleguinhas dele da escola, e a família de Juliete; Lúcio convidou dois colegas de trabalho e dois primos; convidei meus sogros, que criticaram, e foi Lúcio quem pediu para eles não interferirem."

Mila olhou Luidi, uma criança linda, pardo como Giovana, um bebê forte e sadio. Ela voltou às suas lembranças:

"Foi uma festa linda! Um sucesso! Otávio ficou muito alegre, feliz mesmo. Ria o tempo todo. Dona Lourdes, na festa, reclamou: 'Está um barulho insuportável!'. 'Irá piorar quando começar a discoteca', alertei-a. 'Se a senhora quiser ir embora, pode ir, não acharemos ruim.' Ela virou as costas e ficou mais um pouco com cara de desaprovação. Foi embora logo depois, a festa foi de fato animada e, quando terminou, Giovana e Marcela faziam planos para as festas delas. Marcela disse que ela iria vestida de princesa. 'Posso, não é, Mila?', Marcela me perguntou. 'Claro, querida, será como você quiser', afirmei. Outra coisa que me incomodava era que eles se sentavam à mesa para tomar as refeições calados, não podiam conversar e comer de tudo. Ah, isso mudou! Agora sentamos para comer e é uma festa. Conversamos, rimos e cada um come o que quer, embora sempre faça alimentos saudáveis que eles gostem ou que algum deles goste, mas são eles que escolhem o que comer e o quanto."

Olhou novamente para o filhinho; para ela, Luidi parecia um anjinho. A chuva continuava grossa.

"Ah, dona Lourdes apelou para minha religião! 'Você é religiosa!', falou me acusando. De fato sou espírita e estou levando todos ao centro. Aos sábados, às dezenove horas, vamos assistir às palestras e receber o passe. Também vamos aos domingos pela manhã levá-los na Evangelização Infantil; Lúcio, eu e Luidi ficamos conversando com outros pais e aprendendo. Lembro-me bem do dia em que contei ao Lúcio que me tornara uma pessoa mais religiosa, que frequentava um centro espírita, que me tornara espírita, e ele me indagou: 'O que é Espiritismo?'. Tínhamos estudado há poucos meses, nas aulas de estudo, termos espíritas. Peguei meu caderno de anotações, abri onde estava anotada a pergunta que ele me fizera e li para ele: 'No livro de Allan Kardec *O Evangelho segundo o Espiritismo*, temos uma resposta esclarecedora que eu gosto muito; é: 'O Espiritismo é a ciência que vem revelar aos homens, por meio de provas irrecusáveis, a existência e a natureza do mundo espiritual e as suas relações com o mundo corpóreo'. Outra definição que eu acho esclarecedora, está num livro que eu li, também de Kardec e que citamos no nosso estudo: *O que é o Espiritismo*; eu tenho e, se você quiser, empresto para que leia. O trecho é: 'O espiritismo é (...) ao mesmo tempo, uma ciência de observação e uma doutrina filosófica. Como ciência prática ele consiste nas relações que se estabelecem entre nós e os espíritos. Como filosofia, compreende todas as consequências morais que dimanam dessas relações. (...) Como ciência, trata da natureza, origem e destino dos espíritos, bem como de suas relações com o mundo corporal'. Vendo que Lúcio estava interessado, dei a ele mais algumas explicações: 'Não foi o Espiritismo que inventou os fenômenos, estes sempre existiram. Podemos compreender muitas coisas e o porquê de outras tantas, como as diferenças entre os modos de vida, pela reencarnação, a Lei de Causa e Efeito e a aparição de espíritos. Foi o estudioso Allan Kardec que, após estudar fenômenos incompreendidos, organizou com muita sabedoria e deu nomes a esses fenômenos, e o fez por meio de mensagens recebidas por muitos médiuns'. Lúcio me olhava atento e expressou: 'Mila, penso que se eu entender o que de fato seja a reencarnação compreenderei o porquê de o Otávio, uma criança, ter sofrido tanto e também o sofrimento de Juliete. Estou pensando, querida, que você está certa na sua crença'. 'Se você, Lúcio, quiser, compreenderá muito mais coisas, o Espiritismo não manda você acreditar em nada, ele faz você raciocinar, então a compreensão vem, isso é gratificante. E entender a desencarnação é consolador. Quando o corpo físico morre, falamos desencarnação, ou seja, o espírito, que sobrevive, sai do corpo de carne e osso e vai para o Além. Por estudo das obras desse senhor francês, agruparam-se pessoas formando centros espíritas. E um desses lugares é aquele ao qual eu o convido a ir, conhecer. Gostará porque centros espíritas são locais em que pessoas se reúnem para aprender, orar e estudar os Evangelhos. Nosso lema é fazer caridade, o bem. O importante, Lúcio, é que continuamos vivos após a morte do corpo físico.' Lúcio gostou do que ouvira; no sábado, foi comigo e antes eu expliquei o que ia ocorrer lá. Disse: 'As palestras são otimistas, são precisos ensinamentos e, após, quem quer vai receber o passe'. 'O que é o passe?', Lúcio quis saber. E eu o esclareci: 'Passe é um conjunto de recursos de transferências com fins terapêuticos. É uma doação do médium, do passista, do que ele tem de melhor, ajudado pelos trabalhadores desencarnados da casa. Para receber essa doação oferecida devemos ser receptivos, querer receber o auxílio. A água é condutora, ela recebe fluidos espirituais e, quando ingerida, produz os efeitos salutares de que é portadora. É de grande valor terapêutico. Pelo Espiritismo tive melhor compreensão da vida, principalmente quando soube que atitudes erradas são ações que requerem reações. Por compreensão, devemos nos esforçar para agir corretamente para o nosso bem e o dos outros'."

Mila se levantou, tomou água e voltou a se sentar e a lembrar:

"Com certeza estou hoje saudosa, recordando-me do que aconteceu comigo."

Recordou-se:

"A primeira vez que Lúcio foi ao centro espírita comigo, ele se emocionou; após receber o passe, seus olhos lacrimejaram. Gostou muito, e passamos a ir. E... foi chato o que aconteceu hoje com minha sogra, vou ter de contar ao Lúcio. Isso era algo previsto, eu me queixei muitas vezes para ele da intervenção de sua mãe e que não a queria mandando em minha casa. Casamo-nos numa cerimônia simples, com nossos três filhos, dona Ritinha e um amigo de Lúcio para que testemunhassem. Foi, porém, uma cerimônia linda. Lúcio quis se casar antes do nosso nenê nascer. E foi assim que passamos a morar todos juntos, fiz Lúcio entender que ele deveria ser mais presente na vida dos filhos e que não deveria escutar as opiniões da mãe dele na educação das crianças. Eu o fiz participar, ser pai, acompanhar à noite as tarefas escolares deles; Lúcio então passou a ajudá-los, principalmente quando as tarefas eram mais difíceis. Na segunda vez que Lúcio foi ajudá-los, Otávio abriu o caderno, e a professora tinha escrito um elogio para ele por ter feito bem sua tarefa. Lúcio leu, não comentou, então eu lhe dei um suave chute, o que o fez entender, então ele elogiou o filho: 'Parabéns, garotão! Muito bom!'. Eu beijei Otávio, que riu e por segundos ficou com um sorriso nos lábios. Lúcio então compreendeu que atos simples de carinho, elogios, fazem diferença na educação dos filhos. Nossa casa é alegre, eles podem gritar, correr, brincar, falar o que querem e eles falam muito, contam novidades e eu os incentivo. Realmente, concluo, tenho a certeza de que os trato todos iguais, tenho muito carinho pelos dois, órfãos de mãe. Pergunto-me se o fato de eu não ter tido pai, mãe, nesta encarnação, teria sido para aprender uma lição. A dor tentou me ensinar? Eu sofri muito por ter sido órfã. Se a dor me ensinou, foi porque me recusei a aprender pelo amor. Mas penso que o amor não desistiu de mim, está me dando nova oportunidade: de ser boa mãe. Amar filhos alheios como meus e amar os meus também. Seria muita imprudência não aprender a lição. Não posso me esquecer de que sofri, mas agora faço uma prova com amor e, se aprendo, não precisarei da mestra dor. Se fui abandonada porque não dei atenção a meus pais e pedi, também para aprender, a não tê-los para respeitar pai e mãe, creio que também aprendi. Tenho sido uma ótima mãe para eles, as crianças estão felizes e me sinto amada por eles. Às vezes Otávio ou Marcela me chamam de 'mãe'; quando isso ocorre, eu os abraço e dou dois beijos sonoros. São os 'estalinhos', como Giovana chama meus beijos sonoros. Luidi é o que mais gosta, eu o beijo e ele ri".

Luidi acordou, ela o pegou, cuidou dele, a chuva parou; Lúcio chegou com os três filhos. Ele saía do trabalho, passava na escola e os trazia para casa. Luidi bateu as mãozinhas e deu os braços para Marcela, para que a irmã o pegasse. A casa com eles era animada: um foi tomar banho e outro, para a cozinha, estava com fome. Mila aproximou-se de Lúcio e contou:

— Quando voltei para casa depois de levar as crianças à escola, encontrei sua mãe aqui, ela acordou Luidi para pegá-lo. Falei para ela o que há tempos queria. Realmente não quero que ela venha muito aqui, que mexa nas minhas coisas, que dê palpites. Tentei, com jeito, fazê-la entender. Hoje fui clara. Nunca farei o que ela quer. Não posso deixá-la fazer o que ela fez com Juliete.

— Estou sabendo — disse Lúcio —, mamãe telefonou para papai e ele me contou. Não se preocupe, eu não achei ruim. Aproveitei e falei para papai que de fato eu concordo com você. E que eles não precisam vir tanto ao nosso lar. Para termos um convívio melhor, eles precisavam nos respeitar. Pedi para que ele conversasse com mamãe, dissesse a ela que eu concordo com você e que de fato não é para eles intervirem na forma que escolhemos para viver.

— Oh, Lúcio, obrigada! — Mila exclamou aliviada. — Hoje me lembrei do conselho de Juliete. Penso que ela teria agido com os filhos de maneira diferente se não fosse por sua mãe. De fato prefiro que eles não venham tanto aqui em casa falar o que temos ou não de fazer nem como educar nossos filhos. Para mim, educar é primeiramente amar, orientar, respeitar, ajudar e fazê-los pessoas felizes.

Lúcio pegou o interfone, ligou para a portaria e deu a ordem:

— Por favor, deixe no quadro de avisos que ninguém além de nossas duas empregadas pode entrar para nos visitar sem aviso. Ninguém!

Lúcio olhou para Mila e completou:

— Mamãe não virá mais aqui sem ser anunciada e você aceitar a visita. Fique à vontade para recusar.

Deram o assunto por encerrado.

A casa em que eles moravam era um sobrado num condomínio afastado de onde os pais dele moravam. O condomínio era simples, mas seguro, havia três suítes no andar de cima: a maior era deles, de Lúcio e Mila, Luidi dormia com eles; na outra suíte dormiam Giovana e Marcela; na outra, Otávio. Quando compraram a casa, um casal morava sozinho, os filhos haviam casado, e eles planejaram construir uma suíte para eles no térreo. Era a intenção de Mila e Lúcio logo mais fazer uma suíte que então seria a deles, e aí as duas garotas ficariam com a que o casal ocupava, Otávio continuaria com a dele, e Luidi, na suíte que as meninas ocupavam.

"Amo meu lar", pensou Mila. "A casa é ótima, confortável, e o melhor: é alegre, estamos bem e felizes. Tenho duas empregadas que trabalham oito horas por dia. Eu cozinho, gosto, somente não o faço quando não posso. Estou em paz, principalmente agora que Lúcio não me desaprovou por eu ter dado um basta na intromissão de dona Lourdes."

Foram dormir, a rotina deles durante a semana era puxada: as crianças levantavam às oito horas; Lúcio e Mila, mais cedo; eles faziam as lições; iam duas vezes por semana a aulas de natação; outros dois dias, treino de defesa pessoal; as meninas, aulas de piano; e Otávio quis aprender a tocar violão. Era Mila quem os levava e buscava. Almoçavam, iam para a escola e à noite se reuniam, raramente o casal saía sozinho. As crianças, se saíssem, era para ir a festas de aniversário de amiguinhos. Sábado à tarde iam ao centro espírita; após, passavam, pegavam Ritinha e iam jantar num restaurante. Domingo iam à Evangelização; após, todos da família se reuniam para fazer o almoço ou eles pediam comida; ficavam em casa;

e, às vezes, à tarde, as crianças passeavam pelo condomínio, andavam de bicicleta, patinete e se distraíam com outras crianças que moravam por lá.

Mila se deitou, orou, mas estava sem sono e retornou aos seus pensamentos:

"Como nos faz bem frequentar o centro espírita! Lembro que num sábado, depois de termos ido e jantado, ao chegar em casa, Giovana contou: 'Mamãe, Marcela viu a mãe dela lá no centro espírita'. Marcela olhou assustada para Giovana, a menina a tranquilizou: 'Calma, Ma, mamãe acredita, não tenha medo. Mamãe, Ma é proibida de falar sobre isso, a vó Lourdes a colocou de castigo, a chama de mentirosa, a deixou sem mesada e lhe deu dois beliscões'. Fiquei pasma. Lúcio escutava calado. Eu puxei Marcela para perto de mim, beijei sua testa e, com carinho, a consolei e tentei explicar: 'Minha querida! Prometo que isso não ocorrerá mais com você. Não terá nenhum castigo por esse motivo. Eu a defenderei! Não há nada de estranho em você sentir, ver o que a maioria das pessoas não vê ou sente. Isso é comum, e eu irei ajudá-la a entender. Você tem um dom maravilhoso, que é poder ver espíritos. Morremos e não acabamos. Juliete é um espírito encantador, que ama vocês, os filhos, preocupa-se e, quando pode, vem visitá-los, é uma graça você poder vê-la. Conte para nós o que viu'. Marcela se aconchegou no meu colo e contou: 'Primeiro senti o cheiro da mamãe, depois a vi, e ela me beijou, depois a Otávio, Giovana, papai, você e Luidi, sorriu e sumiu'. 'Oh, que beleza! Que demonstração de carinho! Vamos orar agradecendo!', exclamei emocionada, realmente esse fato me comoveu. Oramos. Depois eu olhei para Marcela e disse: 'Marcela, eu acredito em você. Não tenha medo, mas, se sentir medo, me chame que eu a protegerei'. 'Mamãe', contou Giovana, 'Ma me disse que às vezes ela acorda à noite, sente medo e chora baixinho'. 'Quando isso acontecer, vá me chamar, eu ficarei com você até que durma de novo', decidi. O assunto para eles, as crianças, foi encerrado, foram jogar na outra sala e eu comentei com Lúcio: 'Juliete pode vir ver os filhos, com certeza ficou em paz por vê-los bem. Que acontecido bom! Juliete deve estar contente comigo por eu estar cuidando bem de seus filhos. Ela até me beijou! Ela confiou em mim e eu quero sempre fazer tudo por eles, sinto os dois como se fossem meus'. 'Está sendo muita novidade para mim', confessou Lúcio. Eu determinei: 'Sua mãe não irá mais impor castigo aos nossos filhos. Não mesmo!'. 'Mila, o que Marcela tem? O que ela sente? Isso é normal?', Lúcio, preocupado, quis entender. 'Marcela é médium, isso é normal, sim.' 'O que é mediunidade? O que é médium?', Lúcio quis saber. Respondi o que eu sabia. 'Mediunidade é um fator orgânico que podemos herdar, é um instrumento de comunicação entre os dois planos de vida, o espiritual e o físico. É uma faculdade natural. Sendo disposição orgânica, todos nós podemos ser dotados dela. Porém umas pessoas têm mais que as outras e, quando isso ocorre, as chamamos de médiuns. Então médiuns são os intérpretes de espíritos desencarnados. Porque todos nós somos espíritos, nós dois estamos vestidos de um corpo carnal, estamos encarnados; quando o deixamos pela morte deste, somos espíritos desencarnados. Médiuns podem sentir, ver, ouvir espíritos desencarnados. 'Médium' em latim tem o significado de 'meio', 'intermediário'. Não se preocupe, Lúcio: Marcela aprenderá a lidar com sua mediunidade e eu irei ajudá-la.' Duas noites depois, Marcela veio ao nosso quarto me chamar, estava com medo. Eu fui com ela ao quarto delas, Giovana dormia, deitei na cama juntinho de Marcela e a acalmei, orei baixinho para ela escutar e pedi aos trabalhadores do centro espírita que nos ajudassem. Marcela se acalmou e logo dormiu. Quando vi que dormira, voltei para minha cama. No domingo, quando ficamos com os outros pais, conversando, eu contei o que ocorria com Marcela e a orientadora nos tranquilizou, dizendo que ia, com outros passistas, dar passes de equipe em Marcela nos domingos e nos sábados. Isso ocorreu, Marcela não teve mais medo e raramente via ou ouvia algo de diferente. Com certeza irá trabalhar com sua mediunidade quando for adulta. Eu, sempre que possível, falo a ela da importância da mediunidade e, com ela, o tanto que podemos ser úteis e fazer o bem. Ela se aceitou, todos nós aceitamos. Isso foi muito bom".

— De fato minha vida mudou! — Mila expressou baixinho.

Tentou se acomodar no leito, mas não conseguiu. Olhou Lúcio ao seu lado dormindo e, após, olhou Luidi no seu berço.

"Estamos tendo um bom casamento!", concluiu Mila. "Entendo que Deus criou a diversidade e não a monotonia. Não somos iguais, ninguém é cópia do outro. Não é certo tentar mudar o outro no casamento. Devemos aceitar para sermos aceitos. Tentar nos impor é fazer que tenhamos desentendimentos. Ninguém deixa de ser o que é pela vontade alheia, mas, quando mudamos, somente o fazemos realmente pela nossa vontade. Mas podemos nos melhorar com os bons exemplos do outro e também melhorar o outro com os nossos. É tolerando que se é tolerado."

Já rezara, mas orou novamente. A chuva recomeçara forte. Levantou-se e sentou-se na poltrona.

CAPÍTULO 13

EMÍLIA, A MILA

Mila se acomodou na poltrona. Escutou a chuva, que ora engrossava, ora afinava. Pegou o livro *O Evangelho segundo o Espiritismo*, de Allan Kardec, que ficava em cima de sua mesinha de cabeceira e abriu ao acaso. Foi no capítulo treze: "Que a mão esquerda não saiba o que faz a direita". Leu um texto e depois os pedaços marcados. Mila tinha esse costume, marcar com lápis, às vezes sublinhava, o que lhe chamava mais a atenção ou que gostasse. No item dez, marcou: "Deus vos vê da mesma maneira; e Ele vos deixa o vosso livre-arbítrio, como também deixais esses grãos de areia ao sabor do vento que os dispersa".

"É", refletiu Mila, "somos livres para agir como queremos, mas responsáveis pelas consequências dos nossos atos. Isso é muito justo".

No item onze leu o que havia grifado: "A beneficência, meus amigos, vos dará neste mundo os gozos mais puros e mais doces, as alegrias do coração, que não são perturbadas nem pelos remorsos, nem pela indiferença".

"É como eu tenho que agir. Ser presente, fazer o bem, nunca uma maldade para não sentir a dor do remorso, e não ser indiferente. Com certeza, pela lei do retorno, quem é indiferente recebe indiferença, que é algo muito ruim. Se não quero para mim, que eu não faça. Quero fazer a diferença, principalmente ao meu próximo. Com certeza, na minha próxima encarnação, terei um lar como o que estou dando agora para os filhos. Isso me é gratificante! Serei sempre uma mãe exemplar. Indiferença? Nunca!"

Recolocou o livro no lugar, ficou a meditar e a pensar.

"Está chovendo como aqueles dias. Fui imprudente fazendo aquela viagem, indo ao encontro de um homem sem ter informações certas sobre ele e sem saber onde iria morar. Isso por quê? Sentia que não merecia nada de bom. Que rejeição! Meu Deus! Quando não nos aceitamos, tudo se dificulta. Sentia-me cansada, nada parecia dar certo para mim. Resolvi ir, ainda bem que não deu certo o encontro. Se não tivesse ocorrido aquela chuvarada, o que teria sido minha vida? Arrepio-me só de imaginar. Moraria numa casa parecida com a que ficamos, teria um companheiro totalmente estranho a mim, que não gostava de higiene. Trabalharia muito e estaria preocupada com Giovana. Quanto tempo ficaria ali? Talvez não muito e com certeza teria muitas dificuldades se quisesse voltar. Mas talvez, mesmo achando ruim, ficaria, porque tudo o que me acontecia de ruim eu achava que era merecido. Lá ou em outro lugar longe, Lúcio me encontraria? Giovana queria muito ter um pai, eu não calculei o tanto que ela almejava. Agora ela está feliz, estamos. Recebi, naquela chuvarada, uma graça, devo ser grata. Mas o encontro, embora não tenha sido com Serafim, deu certo, sim, e muito, para minha vida. Contar minhas dificuldades para eles, aquelas pessoas que nunca havia visto, desconhecidos de quem não sei nem os nomes, me fez bem. Entendi que me rejeitava, aprendi em poucas horas que eu era uma pessoa, filha de Deus, que necessitava me amar. Minha vida mudou! Somente não contei a eles, escondi por medo, dois fatos. Primeiro que eu entrei na casa quando ia para a passarela: como bati, não obtive resposta e vi a porta aberta, entrei na sala e, ao fazê-lo, senti algo estranho, que me fez arrepiar, então saí rápida. Penso que talvez o assassino estivesse ali, talvez instintivamente tenha sentido um perigo, porque, para não haver testemunha, eu poderia ser morta. Ou senti que o Zé Di estava morrendo. Depois, aqui na cidade, pesquisei: se naquele momento o Zé Di estivesse morrendo, eu não o conseguiria salvar, o corte foi preciso, cortaram-lhe a carótida e morreu por hemorragia. A segunda coisa que não contei a eles, na casinha, foi que encontrei o dinheiro. Até hoje penso se agi certo ou não de ter ficado com o dinheiro e não ter falado a eles. Como o homem deduziu, para mim ele era o mais coerente e muito sofrido, tudo o que fora de Zé Di mudaria de mãos. Penso que ele estava certo. Realmente isso ocorre, nada de material pertence a nós, a encarnados, a matéria é da matéria, passa de pessoa a pessoa. Seria, o que fora dele, do que o morto desfrutou, de quem o achasse. Quando os três saíram com o corpo para levá-lo ao cômodo do quintal, senti vontade de ir ao quarto e lá encontrei o dinheiro. Fiquei com ele e como me ajudou! Agora posso ajudar, já o fiz com dona Ritinha, o tenho feito com a assistência social do centro espírita e tento ser boa e justa com todos. Fiz realmente a minha reforma íntima. Somos nós somente quem podemos fazer, ninguém pode fazer isso por nós, no nosso lugar. Reforma íntima é individual e não podemos transferir para outros para que o façam no nosso lugar, é também muito imprudente deixarmos para depois, para o futuro, ela deve ser feita agora e no presente. Temos muito o que fazer. É uma tarefa que continua."

"Fazia tempo", Mila continuou a pensar, "que não lembrava do que ocorrera naquela viagem. Talvez eu esteja lembrando pela chuva, que já dura horas, e por ter ouvido a notícia da enchente do rio e que as viagens de balsas foram suspensas; talvez, como da outra vez, o riozinho tenha enchido, a correnteza ficou forte e encobriu a passarela. É, talvez... O que será que aconteceu com os outros três? Espero que estejam bem, merecem. O moço, coitado, sofreu tanto pela traição como por ter sido acusado sendo inocente, foi torturado para contar o que ele não sabia, ele tinha muito medo, penso que pavor, de voltar para a prisão. O homem, será que superou a morte violenta da filha? Espero que sim. A moça, rejeitada como eu, superou? Não gosto nem de imaginar que foi um deles que matou o dono da casa e pode ter sido um dos três. Não gosto de pensar porque não queria que fosse um deles o assassino. Será que assassino tem cara diferente? Algumas pessoas, pelas fisionomias, aparentam ser boas pessoas ou não; outras enganam. Na casa, ninguém parecia ser assassino. Será que quem matou planejou ou aconteceu algo e matou, como um acidente? Penso que a moça sofrera por rejeição, preconceito, eu não queria que ela fosse a assassina. O homem era uma pessoa honrada, trabalhador, sofrera tanto com a morte violenta da filhinha, também não queria que ele fosse o assassino. O moço também não; ele errara, mas sofreu tanto! O fato é que nenhum dos três tinha jeito de assassino. Mas um deles matou o Zé Di e deve estar infeliz. Porque penso que nada que aconteça deixa bem quem já tirou alguém da vida física, quem mata é culpado, e a culpa vem um dia. Mesmo que o tenha feito para se defender, pode sempre pensar se não tinha outra forma de agir. Se foi planejado, será pior. A vida passa, mas os erros não reparados ficam. Desejo para o assassino que fique bem, que se arrependa e peça perdão. Também desejo ao morto, o José Diogo, que perdoe quem o matou, eu oro sempre para ele. Espero que ele tenha entendido que morto não precisa mais de dinheiro e para pensar que me deu. Eu já o agradeci, e muitas vezes. Ah, aquela enchente! Porém gostaria de saber deles. Como eles estão depois de cinco anos? Esse fato é o meu segredo. Não contei a ninguém o que aconteceu naquela casinha à beira da estrada que, com aquela chuvarada, estava enlameada. Giovana parece que esqueceu; como não toquei mais no episódio e, quando ela falava, eu mudava de assunto, ela deve ter esquecido ou se lembra da viagem de barco e que ficou hospedada numa casa que tinha outros hóspedes e que chovia. Ainda bem que, no ocorrido, escondemos dela o fato principal: o morto. É assim que deve ser, e será. Mas o fato real é que houve uma morte. O dono da casa morreu, e assassinado. Todo crime tem um culpado. Quem foi? Quem matou o dono da casa? E por quê? Se eu encontrei o dinheiro, quem o matou não o fez para roubar. Foi vingança? Quase todos os crimes têm o porquê e a resposta. Mas qual é a resposta nesse caso? Penso que eu saberei somente quando desencarnar. Mas, enquanto isso, é melhor não lembrar mais desse ocorrido, do "então aconteceu". Esquecer? Impossível, penso que não se esquece de algo assim tão marcante. Marcante é a minha vida!".

Mila acomodou-se na poltrona, escutou a chuva, que naquele momento estava fina, e pensou em sua vida:

"Estava sossegada trabalhando na escola, gostando do que fazia, Giovana não me dando preocupações, ia ao centro espírita, namorava de vez em quando, mas não conseguia me firmar com ninguém. Poderia dizer que tudo estava certo. Mas o 'então' aconteceu, como dizia o moço na casa. Tinha vindo do trabalho e ia preparar o jantar quando bateram palmas no portão, Giovana abriu a porta e veio em seguida me chamar. 'Mamãe, tem um homem no portão querendo falar com você. Ele disse seu nome inteiro. Eu não o conheço.' Curiosa, fui até o portão, mas não o abri; olhei o homem, eu também não o conhecia. 'Pois não', eu disse, e ele confirmou se era a pessoa que procurava repetindo meu nome; depois me falou: 'Senhora Emília, sou um detetive que foi encarregado de encontrá-la'. Gelei. Pensei se era pelo fato ocorrido três anos antes naquela viagem que fizera e se tinha algo a ver com o assassinato. Continuei olhando e ele completou: 'O senhor Lúcio... me encarregou de encontrá-la!'. Não deu para sentir alívio; se não era por um fato complicado, era por um outro. Não conseguia falar, continuei parada olhando. 'Senhora', disse ele, 'foi bom encontrá-la, o fiz por ser uma servidora do município. Meu cliente deseja revê-la, ele precisa falar com a senhora. Por favor, atenda-o; pelo pouco que sei, é importante. Podemos marcar um encontro? Amanhã, às dezenove horas, no restaurante aqui perto? Senhora, por favor, responda'. 'Sim, irei', consegui dizer. 'Boa noite!', despediu-se o senhor, saiu da frente do portão e entrou no carro. Virei-me e vi Giovana parada na porta. 'O que foi, mamãe? Você está pálida. O que aconteceu?' 'Não sei, parece que alguém confundiu o meu nome. Não deve ser nada. Vamos acabar o jantar.' Tive uma noite agitada, estava confusa, esforçava-me para acreditar no que ouvira. Lúcio me procurando? Aquele fato de minha vida parecia enterrado. Não estaria? Pensei em não ir ao encontro, mas estava curiosa. O que Lúcio tinha para me falar depois de anos? Na escola, pedi para sair mais cedo, levei Giovana para casa, fui ao cabeleireiro, esmaltei as unhas e disse à minha filha que ia me encontrar com uma pessoa; quando isso ocorria, ela ficava em casa trancada; me arrumei e fui. O restaurante, o bar do encontro era de fato perto de minha casa. Fui pontual, mas, quando cheguei, vi Lúcio sentado a uma mesa. Aproximei-me, meu coração disparou ao vê-lo, estava somente mais velho, mas para mim continuava bonito. Olhamo-nos, eu sentei, não conseguia falar, parecia que ele também não. Penso que foi por uns dois minutos, mas que me pareceram mais, ficamos calados nos olhando. Foi ele quem me cumprimentou e falou: 'Como você está bem!' 'Lúcio!', consegui dizer. 'O que quer?' 'Você', a resposta veio espontânea. Depois falou: 'Temos muito o que conversar'. Ele pediu sucos e, pausadamente, contou o que acontecera na nossa separação: 'Mila, fui viajar, ficaria somente três dias fora, não consegui avisá-la, mas, como na quarta-feira, dia em que nós encontrávamos, já estaria de volta, não me preocupei. Quando retornei, fui esperá-la como de costume; você não apareceu, então fui à casa de mamãe, ela não estava, indaguei de você e me disseram que fora embora. Perguntei à cozinheira, que me contou que você saíra do emprego sem dar o aviso-prévio e que fora embora com um homem. Fiquei inconformado, cheguei a indagar mamãe, que me confirmou que você se demitira dizendo que ia embora com um namorado. Fiquei desesperado, mas acreditei. Eu sofri porque a amava. O tempo passou; Juliete, minha esposa, adoeceu, tem câncer, sofre e já sofreu demais pela doença. Meu filho também adoeceu, foi diagnosticado com leucemia. A esperança dele é um transplante de medula. Todos da minha família e da família de minha esposa fizeram o teste, ninguém é compatível. Esse desespero de encontrar um doador, penso que foi o que fez minha mãe me contar que talvez eu tivesse um filho ou filha. Ela me contou o que fizera com você. Indignei-me e resolvi procurá-la. Foram dias de ansiedade e me indagava: Como será que Mila está? Solteira? Casada? Teve o nosso filho? Foi um imenso alívio quando o detetive me falou o que descobrira de você. Mila, eu, naquela época, já tinha decidido me separar para ficarmos juntos, e teria feito isso logo se soubesse que estava grávida. Quando soube o que de fato ocorreu, quis muito revê-la e saber se tivemos um filho. Temos uma filha!'. Não consegui falar, fiquei o olhando, tomei um pouco de suco e me despedi: 'Espero, Lúcio, que, agora que sabe, dê o caso por encerrado e me deixe em paz. Não quero mais escutá-lo. Até nunca!'. Saí e, rápida, voltei para casa. Giovana estranhou por eu ter me arrumado tanto e voltado tão rápido. Não dei explicação e fiquei pensando se era verdade o que ele me contara ou se me procurara para encontrar alguém que poderia ser doador para o filho doente. Mas de uma coisa tive certeza: eu não esquecera Lúcio. Foi a segunda noite que dormira pouco. No outro dia, cheguei do trabalho e fui, após, à padaria; ao retornar para casa, assustei-me, vi Lúcio sentado no sofá da sala conversando com Giovana. Estremeci. 'Mamãe', explicou Giovana, 'esse senhor chama-se Lúcio, como o meu pai, ele me disse que conhece você e veio nos visitar'. 'O que você quer aqui?', indaguei. E ele respondeu: 'Conversar'. Pedi à minha filha: 'Giovana, vá à cozinha preparar um café para a visita, quero conversar com ele'. Giovana saiu da sala, foi para a cozinha, olhei para ele e reclamei: 'Isso não se faz, Lúcio! Você não tem o direito!'. 'Como não?! Ela é minha filha, se parece muito comigo.' De fato, Giovana é parda, mas suas feições são muito parecidas com as do pai, de Lúcio. Ele tentava aparentar calma, mas estava nervoso; emocionado, falou: 'Tenho o direito de contar a ela, não o fiz porque quero o seu consentimento, e será ela quem irá decidir se me quer ou não como pai. Tudo bem para você eu contar a ela? Por favor, fale à nossa filha! Ou eu irei falar'. 'Eu conto', decidi. 'Faça agora! Vá à cozinha e fale, eu espero aqui!' Fui e falei para a minha filha: 'Giovana, deixe o café. Escute-me. Esse homem é o seu pai. Ele não morreu como eu falara'. Giovana sentou, arregalou os olhos e disse baixinho: 'Meu pai! Eu sempre quis ter um pai!'. 'Você o quer?' 'Sim, mamãe, eu quero.' Retornamos à sala, Giovana o olhou, vi seus olhos brilharem, os dois se olharam por segundos. Lúcio disse: 'Por um problema sério, por um desentendimento involuntário para nós dois, sua mãe e eu nos separamos. Chamo-me Lúcio, como seu pai, porque eu sou seu pai. Você é minha filha!'. Giovana me abraçou apertado. Lúcio nos olhou. 'Precisamos ficar sozinhas, por favor', pedi. Lúcio se despediu e informou: 'Amanhã eu volto no mesmo horário'. Sentamo-nos, Giovana e eu, no sofá, e eu contei a ela tudo o que acontecera. Choramos. Surpreendi-me com a decisão dela: 'Vou aceitá-lo, sempre quis ter um pai, agora que tenho não vou rejeitá-lo'. Naquela noite, a minha terceira não dormindo bem, também Giovana não o fez. Ela aguardou ansiosa a visita do pai, que chegou às dezenove horas e lhe trouxe uma caixa de bombons. Os dois se sentaram juntinhos no sofá, ele disse que estava contente por tê-la como filha e que, se eu concordasse, ia reconhecê-la como filha e fazer uma nova certidão de nascimento. Eu concordei. Foi então que eu percebi o tanto que um pai fazia falta para minha filha. De fato, dois dias depois, Lúcio refez o documento de Giovana. Ela ficou contente, falou para todos na escola, para os vizinhos e até para os amiguinhos do centro espírita que conhecera o pai, que ele voltara e a quisera por filha. Ouviu de uma colega da escola que o pai dela era empregado de Lúcio e que ele era um bom patrão e rico. Ela estava orgulhosa do pai. 'Mamãe', disse Giovana, 'agora posso responder quando me perguntarem o nome do meu pai. Sou parecida com ele, não sou? Papai é gentil, sinto que me ama. Estou tão contente! Agora, no Dia dos Pais, posso pensar num presente, participar das conversas de colegas sobre o que dar e pensar no que irei ganhar dele. Mamãe, ter um pai é muito bom! Gostei de saber que tenho irmãos. Mamãe, por que não me contou que ele estava vivo? Não precisa responder, entendi o que aconteceu. Não importa o que passou, o importante é que agora tenho pai, o nome dele na minha certidão de nascimento e o sobrenome dele. Estou muito feliz!'. Eu fiquei contente por ela. Pensava que eu bastava para minha filha, ela não reclamava, mas ter pai foi, para ela, importante. É... família com mãe e pai. Lúcio a levou para passar o domingo com ele; Giovana foi e conheceu Juliete, que a tratou bem e estava muito doente; conheceu e gostou dos irmãos. Lúcio conversou comigo de Giovana fazer o teste para ver se poderia ser doadora para o irmão. Ele me explicou que, embora ela fosse muito nova, não tinha a idade recomendada para fazer a doação, se fosse compatível, poderia, por ser irmã. Contamos para Giovana, que se entusiasmou: 'Quero ser doadora!'. Fez o teste e o resultado foi surpreendente:

Giovana era cem por cento compatível. Houve os preparatórios. Giovana fez muitos exames, estava sadia; marcaram o procedimento, deu certo, e minha filha ficou muito feliz. Falava muito do pai, dos irmãos e da doação que fizera a Otávio. Como aqueles dias passaram rápido! Foram muitas novidades. Otávio se recuperou, a doença foi vencida, porém Juliete piorava. Ela quis me ver, foi emocionante o nosso encontro. Todos os domingos, Lúcio pegava Giovana e ela passava o dia com ele e com os irmãos. Foi espontâneo, gostaram um do outro, se entenderam. Eu tinha a certeza de que amava Lúcio e ele a mim. Relacionamo-nos. Descobri que estava grávida no dia em que Juliete desencarnou. Uma semana depois, contei a ele, que decidiu: 'Vamos morar juntos'. 'Não quero morar na casa em que está'. 'Arrumaremos outra!', decidiu ele. Dois meses depois, ele comprou esta, nós a mobiliamos e viemos os cinco para cá. Os pais de Juliete sofreram muito com a doença da filha e depois com sua desencarnação, também sentiram com a enfermidade do neto. Eu conversei com eles, fui sincera, contei o que houvera e o porquê de morarmos juntos com a viuvez tão recente. Eles compreenderam, e a mãe de Juliete me disse: 'Emília, minha filha sempre soube que Lúcio não a amava. Ela o sentiu diferente quando ele estava com você, depois o percebeu triste quando se separaram. Mesmo ele não a amando, Lúcio foi um bom marido. Cuidou muito dela. Quando minha filha, no hospital, quis falar com você, ela nos disse: 'Papai, mamãe, Lúcio com certeza se casará com o amor da vida dele, não dificultem, a aceitem. Peço-lhes que, se meus filhos não ficarem bem com ela, levem-nos para morar com os senhores'. Mila, eu tenho notado que os meus dois netos estão bem, que você é uma boa pessoa e que está cuidando deles. Você permitiu que sua filha salvasse meu neto'".

— Eu me dou bem com os pais de Juliete! Gosto deles, e eles, de mim — expressou Mila falando em tom baixinho.

Voltou aos pensamentos:

"Tudo correu bem na gravidez e Luidi nasceu lindo e sadio, os três irmãos o amam. Não sei se houve muitos comentários, deve ter havido, por Lúcio ter se casado três meses depois que enviuvara e com uma preta. Nosso casamento foi muito bonito, estávamos com nossos três filhos; após, fomos jantar num restaurante. A cerimônia, para nós dois, foi uma união de amor. Amo demais o Lúcio e me sinto amada. Isso é o que é importante numa união. Surpreendi-me, os filhos de Juliete me aceitaram sem problemas, eles estavam bem no nosso casamento. Às vezes ficava a pensar o porquê de Otávio e Marcela terem me aceitado como substituta da mãe deles. Depois de dois meses que todos nós morávamos juntos, passando pelo quarto das meninas, a porta estava semiaberta; ao escutá-las conversando e falando de mim, parei e fiquei ouvindo. 'Mamãe', disse Giovana, 'sempre gostou do papai, ela ficou feliz se casando com ele; se mamãe está feliz, eu também estou. Amo mamãe!'. 'Eu também amo a minha mãe!', exclamou Marcela. 'Mas, coitada, estava tão doente, eu ficava triste por vê-la sentir dores. Gi, vou lhe contar um segredo. Mamãe estava no hospital, ela quis falar comigo e com Otávio em particular, papai nos levou e saiu do quarto. Mamãe nos disse: 'Meus filhos, eu os amo! Quando amamos, queremos que nossos entes queridos estejam bem. Quero que vocês dois fiquem bem. Quando a mamãe for morar no céu, quero que vocês pensem em mim bonita e sadia. Não gostaria de vê-los chorando por mim. O amor não acaba. Papai é novo, com certeza irá se casar de novo, talvez ter outros filhos. Quero que vocês não sejam problema para ele, aceitem a nova esposa de seu pai, esforcem-se para que fique tudo bem. Porém, se não ficarem bem, vão morar com os meus pais. Certo?'. Prometemos que nós dois seríamos bons e receberíamos bem a nova esposa de papai. Penso, Gi, que eu nunca irei esquecer o que minha mãe nos disse. Quando cheguei em casa naquela tarde, escrevi e estou sempre lendo. Decorei. Deu certo! Sua mãe, Gi, é muito boa e estamos bem.' 'Eu estou mais ainda!', exclamou Giovana. 'Somos irmãs! Amo você e o Otávio!' As duas se abraçaram e eu me afastei chorando".

Mila suspirou e concluiu:

"Juliete, você está certa! Quando amamos, queremos que os alvos do nosso amor estejam bem, perto ou longe da gente. Que exemplo! Que Deus a proteja! Que esteja em paz! Cuidarei de seus filhos como meus!"

Essas lembranças fizeram Mila chorar, foram algumas lágrimas que a fizeram secar o rosto. Após, voltou a pensar:

"Não nos importamos com os comentários, Lúcio pouco frequentava a sociedade e continuamos não a frequentando. Fui com ele a duas reuniões festivas da empresa, uma era para premiar os melhores funcionários, e a outra, festa natalina. Sempre que tiver festas, eu irei com nossos filhos. Todos me trataram bem, e eu me esforcei para ser simpática com todos."

"Graças a Deus, Otávio, pelos exames, está curado, e ele está liberado a ter uma vida normal, ele parece querer fazer de tudo que por um tempo não podia, está sempre em atividade, pedala, nada, passeia e está sempre rindo."

Mila se levantou, abriu um pouquinho a janela, uma rajada de vento forte entrou, olhou e viu que ainda nuvens carregadas cobriam o céu, com certeza continuaria a chover. Fechou a janela e sentou-se novamente.

"Talvez eu esteja com insônia pelo desentendimento com dona Lourdes. Mas não posso permitir que ela mande em minha casa, na minha família, em mim. Não quero! Ela impunha um rígido comportamento às crianças, eles estão entrando na fase da adolescência, eu os quero felizes, que não tenham receio de me contar o que se passa com eles. Agora fazemos as refeições com conversas, risadas, Luidi se suja e todos riem. Luidi ama os irmãos, e eles, o irmãozinho. Teremos problemas? Com certeza. Viver no corpo físico é ter dificuldades que devem ser vistas como desafios para compreender o porquê de estarmos encarnados. Se acertamos e resolvemos nossos problemas, com certeza nos tornamos seres melhores. Devemos pensar sempre, quando temos problemas, em luzes que iluminam o melhor caminho a seguir. Viver é um desafio! Então concluo que os problemas, dificuldades são lições que a vida nos apresenta para que os solucionemos usando o bom senso para nos tornarmos melhores. Eu me propus a ser uma boa esposa, porém quero ser a melhor mãe para os meus, não digo alheios, porque Otávio e Marcela são meus. Eu os amo como meus, sinto que eles me querem bem e que estão felizes. Se eu fui abandonada ao nascer, com ou sem motivo, sofri, aprendi a lição. Se antes, em encarnações anteriores, eu abandonei filhos ou não amei os alheios, agora amo. Se eu anteriormente não dei valor aos pais, se eu os tivesse agora, eu daria. Se meus sogros adoecessem e precisassem de Lúcio, eu os ajudaria, até os acolheria, cuidaria deles, porém não os deixaria interferir na nossa maneira de viver. Quero mesmo aprender as lições que a vida está me dando e, prudente, quero aprender pelo amor. Como aluna aplicada, quero passar nas provas."

Olhou novamente para Lúcio, que dormia.

"Será que Lúcio e eu já nos amamos em vidas passadas?", se indagou. "Bastou nos olharmos para sentir algo diferente. Pareceu um reencontro. Ele, rico, culto, patrão, e eu preta, pobre e com pouca instrução. Talvez já tenhamos nos amado e o amor continuou ou não acabou. Penso que nos reencontramos. Mas isso não importa. Devemos sempre estar abertos ao amor e amar principalmente o próximo mais próximo."

Olhou Luidi, seu filho era lindo. Levantou-se e se olhou no espelho; apesar do quarto estar na penumbra, ela se viu refletida no espelho: "Estou bonita, eu me sinto bonita. Foi quando me amei que de fato amei a todos como a mim mesma. Bendita aquela enchente! Como eu gostaria de contar para os três, o homem, o moço e a moça, que eu fiquei bem e agradecê-los pelos bons conselhos".

Deitou-se, orou novamente e dormiu tranquila. De fato, Mila estava bem.

CAPÍTULO 14

GENILSON

Genilson estava na casinha à beira do caminho, viu todos os hóspedes, os abrigados da chuva, irem embora, Zé Di morto e enterrado e não viu o espírito dele. Genilson sabia que havia morrido, era o que ele entendia: que morrera e assassinado. Realmente sentiu em ficar sozinho e percebeu que, com certeza, como o "homem" na casa falara, tudo muda de mãos, a casinha viraria ruínas ou outras pessoas morariam ali. Não queria outras pessoas na casa nem que Zé Di tivesse morrido. Ele chorou, rogou com sinceridade a Deus por ajuda, socorro e teve: um ser bonito, limpo, bondoso, um socorrista foi auxiliá-lo e o levou para um posto de socorro. Ele, não conhecendo e nada entendendo, não soube como ou por que rapidamente estava em outro lugar.

— *Genilson* — o socorrista explicou —, *aqui é um lar de auxílio, você pediu a Deus por ajuda e eu fui encarregado de socorrê-lo. É um filho de Deus ajudando outro filho de Deus! Vou levá-lo para uma repartição onde se limpará, colocará uma roupa limpa, se alimentará e penso que logo estará adaptado. Venha comigo!*

Genilson tinha o rosto molhado de lágrimas, não estava entendendo, mas resolveu ser obediente e educado. Seguiu aquele homem simpático e sorridente sem observar o local onde estava. Entrou num salão grande, um cômodo comprido, onde tinha muitos leitos e muitas pessoas, espíritos.

Ajudado, logo estava limpo e com uma roupa, um uniforme de cor clara e com cheiro agradável; seus cabelos e unhas estavam cortados, e a barba, feita. Sentiu-se bem limpo, foi levado ao refeitório e se alimentou.

"O que será que está acontecendo?", Genilson começou a se intrigar. *"Lá na casinha do caminho tinha a certeza de que eu morrera; agora, aqui, já não sei. Sinto-me tão estranho! O lugar aqui é grande, vi uma praça, bancos, plantas e aonde fui me pareceu ser uma enfermaria. Sinto-me limpo e estou alimentado. Comi mesmo, coloquei os alimentos na minha boca, mastiguei e engoli. Difere-se de quando eu estava na casinha, que bastava me aproximar de quem estava se alimentando para me sentir saciado. Lá eu sabia que sugava energia, aqui eu peguei os alimentos, os comi e me sinto saciado. Estou fazendo como antes de ter sido morto."*

Foi à praça, admirou as plantas nos canteiros, olhou tudo observando, viu pessoas como ele, com roupas simples, que passeavam andando devagar ou estavam sentadas nos bancos, e viu outras, que pareciam trabalhar, com certeza estavam atarefadas. Sentou-se num banco e logo em seguida um senhor se sentou ao seu lado.

— *Você não é o filho morto assassinado do senhor Josefo?* — perguntou o homem.

— *Sim, eu sou o Genilson* — respondeu ele.

— *Você sabe quem o matou?* — o homem, curioso, quis saber.

— *Eu?! Bem, sei...*

— *Quem foi? Quando você morreu ficamos curiosos e muito se falou sobre isso. Você e sua turma eram arruaceiros.*

"Não sei se devo contar. É melhor eu perguntar primeiro se posso falar sobre esse assunto", pensou Genilson e respondeu:

— *Não vi quem me matou, eu...*

Levantou-se, e o homem comentou:

— *Pensei que você estivesse no inferno. Eu morri e fiquei no purgatório, eles me disseram que eu fiquei vagando por aí, mas, para mim, era o purgatório. Aqui também é um outro purgatório, porque o céu é que não é. Eu fui honesto, trabalhador, fiz poucas coisas que não eram certas e fui para o purgatório; sendo assim, penso que você deveria estar no inferno.*

Genilson não respondeu e foi andando devagar pela praça. Sentiu um mal-estar.

"Será que eu deveria estar no inferno? Meu Deus!", segurou-se para não chorar. *"Não sei se devo ou não falar quem me matou. Não sei nem o que falar."*

Não sabia o que fazer nem para onde ir. Viu o homem que o trouxera e correu para encontrá-lo.

— *Senhor, por favor! Por favor!*

— *O que foi, Genilson?*

— *Onde estou? Encontrei-me com um senhor que também morava na cidade em que moro, ou que morei, estou confuso.*

Ele me reconheceu e disse que eu deveria estar no inferno. — Genilson chorou.

O senhor, o trabalhador que servia àquele posto de socorro, sorriu, compreendendo, então o convidou a se sentar em outro banco e o esclareceu:

— *Genilson, quem não se preocupou com a mudança de planos quando vestido do corpo físico surpreende-se muito ao se defrontar com a continuação de vida no Além. Tudo é muito diferente e ao mesmo tempo igual. Você não está sonhando nem alienado. Seu corpo físico morreu, você desencarnou, passou a viver de outra maneira, mas vida é uma, somente mudamos de lugar. Infelizmente a morte do corpo, a desencarnação, não muda nosso caráter, nossa forma de agir ou pensar, mudamos somente quando queremos. Espero que você mude, e para melhor! Aqui, este lar, casa de auxílio, é um posto de socorro, temos trabalhadores, os que servem e os que necessitam ainda ser servidos. Você está bem. Vou transferi-lo para outro posto, onde não será reconhecido. Fez bem em não falar quem o matou. Fatos não agradáveis não devem ser mencionados. Aquele senhor que conversou com você disse certo, ele era honesto, trabalhador, talvez tenha feito, no conceito dele, alguns erros, mas esqueceu de fazer o bem e infelizmente gostava de saber e palpitar na vida alheia; pelo jeito, ainda não aprendeu que isso é algo que não se deve fazer.*

O trabalhador tinha muito o que fazer e voltou ao seu trabalho. Genilson ficou na praça e à noite foi dormir no leito indicado. No outro dia cedo, foi num veículo, aerobus, para outro posto de socorro. Esse era maior, recebeu um quarto, um lugar somente dele para dormir, para estar. Foi estudar e passou a fazer tarefas. O estudo consistia até mesmo em ler e escrever.

Genilson, encarnado, frequentou a escola, mas fora um aluno relapso, aprendera pouco.

Ele soube que o corpo que usava no momento chamava-se "perispírito" e quis muito aprender mais sobre esse assunto. Porque às vezes, até naquele posto, estranhava o modo como estava vivendo; para ele, parecia muito com a vida encarnada. Porém pensava:

"Se eu estivesse vivo, encarnado como se fala por aqui, estaria enturmado com meus afins aprontando, bebendo e fazendo bagunça. Mas que esta vida é parecida com a outra, isso é".

O professor dava aulas sobre diversos assuntos, mas um dia na semana podiam fazer perguntas. Genilson indagou:

— *Como morrer e sentir fome?*

— *Quando você* — o professor explicou — *estava no corpo físico, se alimentava. Alimentos são combustíveis para o corpo físico. Agora orações, boas leituras, pensamentos benévolos são alimentos para o espírito, podemos fazer isso quando encarnados. Porém o reflexo do corpo físico em um desencarnado pode ser forte, principalmente se ele não alimentava bem seu espírito; ele, além de sentir fome, pode sentir dores. Quando se aprende a viver desencarnado, se livra desses reflexos. Por isso é importante saber, conhecer e aprender.*

— *E aceitar!* — opinou Laurita, uma aprendiz.

— *O importante* — concluiu Geraldo, outro aluno — *é que quem não sabe pode aprender! Estamos tendo essa oportunidade.*

— *Estamos sentindo isso, fome, sono, porque estamos vivendo com este corpo? Este perispírito é tão parecido com o corpo que vestia encarnada. O que eu usei lá na Terra, ou quando vivia no corpo carnal. Às vezes eu fico confusa* — Laurita quis entender.

— *O que é "perispírito"?* — perguntou Genilson.

— *"Peri"* — explicou o professor —, *do grego, quer dizer "em torno". É uma espécie de envoltório semimaterial vaporoso, é um corpo etéreo que serve de vestimenta ao espírito. Quando estamos encarnados, serve de intermediário entre o espírito e a matéria. É o corpo que usamos e usaremos para viver na Espiritualidade. Vocês irão aprender muito para viver com esse corpo, logo não precisarão mais dormir, se alimentar e aprenderão a se locomover rapidamente, esse processo chama "volitação". É deveras um corpo fantástico!*

O professor pegou um livro que estava na sua escrivaninha, onde havia vários, e mostrou aos alunos: *O livro dos espíritos*, de Allan Kardec. Explicou:

— *Encarnados têm esses livros para ler e estudar, aqueles que se interessam os encontram fácil. Nós desencarnados também os estudamos. Vou ler o que esse estudioso escreveu sobre o perispírito. Temos, na introdução, no item seis, "Resumo da Doutrina dos Espíritos": "O liame ou perispírito que une corpo e espírito é uma espécie de invólucro semimaterial. A morte é a destruição do invólucro mais grosseiro. O espírito conserva o segundo, que constitui para ele um corpo etéreo".*

O professor fez uma pausa e voltou a explicar:

— *Neste mesmo livro, no capítulo dois, "Encarnação dos espíritos", temos uma belíssima explicação. Vou ler a pergunta cento e trinta e quatro: "O que é a alma?". Resposta: "Um espírito encarnado". Na cento e trinta e quatro, "a": "O que era a alma antes de unir-se ao corpo?". Resposta: "Espírito". Continuamos. Na cento e trinta e quatro, "c": "As almas e os espíritos são, portanto, uma e a mesma coisa?". Resposta: "Sim, as almas não são mais que espíritos. Antes de ligar-se ao corpo, a alma é um dos seres inteligentes que povoam o mundo invisível e depois revestem temporariamente um invólucro carnal para se purificar e esclarecer". Na pergunta cento e trinta e cinco: "Há no homem outra coisa, além da alma e do corpo?". Resposta: "Há o liame que une a alma e o corpo". Na cento e trinta e cinco, "a": "Qual é a natureza desse liame?". Resposta: "Semimaterial: quer dizer, um meio-termo entre a natureza do espírito e a do corpo. (...) O homem é assim formado de três partes essenciais: Primeiro, o corpo, ou ser material, semelhante ao dos animais e animado pelo mesmo princípio vital. Segundo, a alma, espírito encarnado, do qual o corpo é a habitação. Terceiro, o perispírito, princípio intermediário, substância semimaterial, que serve de primeiro envoltório ao espírito e une a alma ao corpo. Tais são, num fruto, a semente, a polpa e a casca".*

A leitura os fez entender. Genilson não teve mais dúvidas e planejou estudar as obras de Allan Kardec. Ele começou a se interessar em aprender.

Quanto ao trabalho, sabia, sentia que teria de ser útil à casa em que estava abrigado. Esforçava-se e tentava fazer as tarefas que lhe eram pedidas. Pensava: *"É trabalhando que aprenderei a gostar do trabalho. Preciso amar o trabalho".*

Escreveu numa folha de papel o que ouvira de um palestrante e deixou a folha na mesinha perto de seu leito, às vezes a pegava e relia: "A lei do trabalho nos impulsiona ao progresso. Nada de descanso para o desencarnado, aqui na Espiritualidade há muito o que se fazer. Nada de ficar sem fazer nada. A ociosidade é um mal, tanto no Plano Físico como no Espiritual ".

Genilson continuou frequentando as aulas; pegava livros para ler; gostava muito quando o coral infantil de uma colônia ia lhes brindar com concertos agradáveis, a boa música é uma terapia, era prazeroso escutá-los; também assistia palestras de convidados que os visitavam. O bom, para Genilson, era que naquele posto de socorro ninguém o conhecera quando encarnado, então não escutou mais indagações de quem o matara e nem foi lembrado de que fora um irresponsável. Continuou se esforçando para gostar de trabalhar.

Numa aula, Marilda se lamentou:

— *Estou profundamente triste! Sou muito grata a esta casa e aos seus moradores, que muito me ajudaram e ajudam, mas reconheço que desperdicei a oportunidade da minha encarnação, lembro somente dessa última, talvez eu tenha desperdiçado outras. Estou triste.*

— *Você sente remorso ou está arrependida?* — perguntou Laurita.

— *Qual a diferença entre um e outro?* — Geraldo se interessou em saber.

Olharam para o professor, que ia responder, mas Laurita deu sua opinião:

— *Remorso é o inferno para quem sente!*

— *Remorso* — o professor elucidou — *deve ser um dos mais avassaladores sentimentos. Sei de muitos desencarnados que, ao sentir remorso, se perturbam, se desequilibram, o que os leva a sentir profundos sofrimentos. Porém remorso é um sentimento que pode levar ao arrependimento. O arrependimento leva a pedir perdão, a compreender que se errou, a fazer o propósito de não cometer mais o erro e a se preparar para reparar o ato equivocado. Porém arrepender-se, pedir perdão não isenta da culpa e da necessidade da reparação. Deve-se tentar reparar sendo útil. Deus Misericordioso nos dá oportunidades de reparar nossas faltas porque o espírito culposo não pode avançar para o progresso antes de reparar erros: o objetivo* de se estar aqui, no Planeta Terra, é nossa renovação. Aprender, melhorar pelo trabalho, amar a todos, com certeza esse deve ser nosso objetivo.

— *Reparação é fazer o bem a quem nos fez mal?* — perguntou Laurita.

— *Sim* — elucidou o professor —, *fazer o bem a quem nos fez o mal, mas priorizar fazer o bem a quem fizemos o mal. Fazer o bem a todos. Agindo assim, fazemos o bem a nós.*

— *Eu perdi tempo!* — concluiu Marilda se lamentando. — *Vivi sessenta e três anos encarnada e nada fiz de bom, também não fiz maldades. Sinto que deixei o tempo passar, e ele não volta. O que deixei de fazer...*

— *O tempo* — esclareceu o professor — *é valioso perante a vida. Porém o tempo sem atividade é um descaso perante as leis Divinas. Tempo é a sucessão de fatos, é a medida desses fatos. Quando aproveitamos o tempo, renovamos nossa vida. Não voltamos atrás no tempo. O tempo é o que fazemos.*

— *Vou contar a vocês* — disse Marilda — *por que sinto que a bênção do tempo passou e não fiz nada de bom que me tenha acompanhado após a morte do meu corpo físico. Meu avô paterno era muito religioso, era espírita, nenhum dos filhos dele, teve cinco, o seguiu. Eles liam alguns livros, iam às vezes assistir palestras. Eu também não segui meu avô. Tinha mediunidade, não quis, a recusei e ia quase que escondida, quando muito necessitada, atormentada, receber um passe. Sentia vergonha do Espiritismo, ia à igreja, dizia ser católica, mas de fato não fui religiosa. Casei, tive dois filhos, fui uma esposa razoável e boa mãe. O tempo passou, alimentei o corpo, cuidei dele, porém não alimentei meu espírito. Conclusão: não fiz maldades nem bondades. Caridades? Dei roupas velhas, algumas esmolas. Fiquei doente, desencarnei, fiquei no meu lar a vagar; meu marido, logo após minha desencarnação, arrumou uma namorada. Eu entendi que morrera, escutava isso do marido, dos filhos, amigos e vizinhos. Foi então que lembrei do meu avô e fui ao centro espírita, pedi ajuda, fui socorrida e vim para cá. Vivi anos num corpo físico e não fiz nada de útil a mim nem ao próximo. Nada fiz e nada recebi. Desperdicei a oportunidade encarnada. Poderia ter seguido uma religião, ter sido realmente religiosa, feito o bem, ajudado pessoas. Se tivesse trabalhado com a minha mediunidade, teria aprendido muitas coisas e, ao ter desencarnado, não teria ficado vagando.*

— Entendo você — disse Geraldo —, eu também sinto e até me dói não ter aproveitado a encarnação para crescer espiritualmente. Quis somente ser servido! Nada de servir! Servo imprestável, é assim que me sinto. Também não fiz maldades. Mas o arrependimento não é somente por maldades feitas, é também por não ter feito o bem. Quem pode fazer o bem e não faz cria débitos, esses débitos são computados e se sofre por isso. Eu fiz alguns atos caridosos, mas de fato não fiz o bem que deveria ter feito. E, quem não fez o bem, para si não o fez. Sinto isso! Vazio! Nada fiz, nada recebi. Sei que estou socorrido pela bondade de Deus e de outros que fazem o bem. Reencarnei num lar com pai, mãe, dois irmãos, casei, tive dois filhos, trabalhei, passeei, aproveitei a vida no meu conceito. Mas não aproveitei a encarnação, não aprendi, não fiz ao outro o que eu queria que me fizesse. Resumindo: não fiz nada para alimentar o meu espírito. Arrependo-me!

— Eu também não aproveitei a benção da reencarnação! — lastimou Genilson. *— Reencarnei num lar onde todos trabalhavam menos eu; e pior: não dei valor aos meus pais, irmãos, ao meu corpo físico. O tempo, para mim, era para aproveitar com farras. Sinto por isso!*

— *O importante é o tempo presente, o agora* — observou o professor. — *O passado passou e não volta. O futuro será consequência do presente. Vocês lamentam que não usaram bem o tempo que passou. E o que está agora passando? Estão aproveitando? Ou continuam desperdiçando a oportunidade? É agora, ao tempo presente, que temos de dar valor. Lamentam o que perderam? Então não percam mais! Aqui, na Espiritualidade, temos muito o que fazer. Então vamos aproveitar o presente! Ânimo! Planejem e executem!*

Genilson, por dias, ficou pensando no que escutara. Ele sempre deixou para fazer depois. Era "quando eu estiver com trinta anos", "quando estiver velho", mas a morte o tirou cedo do corpo físico. O futuro é muito incerto. De fato é o presente o tempo certo para fazer atos bons. Realmente Genilson lamentou a maneira que vivera encarnado. Não quis mais deixar o tempo presente passar como ele havia deixado no passado. Resolveu aproveitá-lo bem. Passou a estudar muito, a trabalhar fazendo tudo o que lhe era pedido, e bem-feito, e a fazer mais. Logo estava dormindo pouco e alimentando-se pouco também, aprendeu a volitar. Isso o fez sentir-se bem, o que ele fizera no passado já estava feito, porém estava fazendo, sendo útil no presente, e isso lhe dava alegria e paz. Tornou-se, com o tempo, após três anos, um morador do posto de socorro que o abrigara. Agora era um trabalhador.

Passou a estudar em grupo as obras de Allan Kardec e expressava alegre:

— *Agora, desencarnado, sou espírita!*

Genilson sabia que se esforçara para ser um trabalhador do posto de socorro, mas que infelizmente muitos permanecem na condição de socorrido por mais tempo. Variava realmente de cada um fazer de sua vida o que queria. Todos têm o livre-arbítrio, que é atributo do espírito.

Genilson recebeu, por estar fazendo bem suas tarefas, o prêmio de visitar seus pais. Foi, e revê-los foi muito gratificante. Seus pais estavam bem, com problemas de saúde, mas somente pela idade. Eles trabalhavam: o pai de ajudante num mercado, a mãe em casa. Viu os irmãos, sobrinhos e os amigos de farra. Eles haviam mudado, já não eram arruaceiros; ainda iam a bares, bebiam, jogavam, mas não ofendiam mais ninguém. Ele não era mais lembrado pelos antigos companheiros.

"É", concluiu Genilson, *"passei pela vida encarnada de tal forma que não fiz diferença para ninguém. Foi uma escolha!"*.

Foi à casinha à beira do caminho, estava em ruínas; do cômodo do quintal restavam somente alguns pedaços de tijolos. Observou bem, viu que os ossos de Zé Di lá estavam enterrados.

Retornou ao posto de socorro. Pensou muito e quis pedir perdão para seus pais. Pediu para o responsável pelo posto.

— *Senhor, visitando meus pais, soube que eles vão a um trabalho de um centro de Umbanda todas as sextas-feiras. Será que eu poderia ir e pedir para o responsável desencarnado desse lugar para que, quando meus pais forem receber o passe, eu dar um recado para eles através do médium? Queria lhes pedir perdão.*

— *É sincero o seu pedido de perdão?* — perguntou o orientador.

— *É, sim, senhor. É sincero!* — respondeu Genilson.

O orientador o atendeu e, numa sexta-feira, os dois, o responsável pelo posto de socorro e Genilson, volitaram para a cidade em que Genilson morara, foram à casa dos pais dele e verificaram que iriam ao centro de Umbanda, que eles chamavam de Terreiro, como de costume; os dois foram ao local e foram muito bem recebidos. Genilson fez o pedido para o responsável desencarnado e foi atendido. Os dois convidados ficaram no local, e o trabalho já era intenso, assim como os preparativos para o atendimento, que começou no horário marcado. Fizeram uma leitura do livro *O Evangelho segundo o Espiritismo* e, após, de duas mensagens contidas num livro espírita e cantaram. Genilson achou os trabalhos muito bonitos e produtivos. Os trabalhadores encarnados receberam seus guias, protetores, isto é: os desencarnados trabalhadores do bem que se aproximaram dos corpos físicos dos médiuns e passaram a fazer os atendimentos. Os médiuns se sentaram em banquinhos, fizeram uma roda, e os atendidos sentaram-se à frente dos médiuns, também em banquinhos. Genilson aguardou seus pais serem atendidos; o dirigente encarnado, o que organizava os atendimentos, colocou os pais de Genilson juntos à frente de uma médium, que, após o ritual, repetiu o que Genilson lhe pediu:

— *Pai, mãe, sou seu filho e aqui estou para lhes pedir perdão. Arrependo-me por tê-los feito sofrer, por ter sido um mau filho. Perdoem-me!*

— Genilson! — exclamou a mãe dele. — Meu filho! Que saudade! Você está bem? Pode me dizer?

— *Sim, minha mãe, eu estou bem. Aprendo a ser útil. Queria que me perdoassem. Perdoam-me? Pai? Mãe?*

— Eu perdoo! — exclamou o pai de Genilson. — Perdoo, sim! Vá em paz!

— Eu também o perdoo, filho do meu coração. Amo-o! Sinto saudades de você. — A mãe esforçava-se para não chorar.

— *Estou bem e ficarei melhor agora com o perdão dos senhores. A benção!*

— Que Deus o abençoe! — exclamaram os dois.

O responsável desencarnado do lugar deu por encerrado o recado. Genilson e o orientador agradeceram e foram embora, ele sentiu seus pais alegres e a mãe, em paz. Voltou ao posto de socorro muito agradecido. Ser perdoado pelos pais foi gratificante.

"Mediunidade", concluiu Genilson, *"é um instrumento valioso por meio do qual se pode fazer o bem. É uma graça que pode ser realizada por pessoas que têm essa faculdade e que não a recusaram, aprenderam a trabalhar com ela e por ela fazer o bem. A médium me fez um enorme bem, me deu a oportunidade de pedir perdão, de fato me arrependi e, se voltasse no tempo, agiria de modo a não precisar pedir perdão, porque agiria de forma correta, seria um bom filho. Mamãe e papai, com certeza, sabendo que eu estou bem, foi uma graça, de agora em diante pensarão em mim como um bom filho e que Deus, como eles, me perdoou. Que maravilhoso instrumento de se fazer o bem que é a mediunidade! Benditos aqueles que fazem o bem com o que receberam! Benditos os bons médiuns!".*

Genilson se emocionou com seus pensamentos e chorou. Estava se sentindo em paz. Sempre que somos perdoados, sentimo-nos em paz.

CAPÍTULO 15

O SOCORRO

Porém, se Genilson estava se sentindo quite com seus pais porque pedira perdão e fora perdoado, sabia que faltava uma pessoa para pedir perdão.

Esforçava-se muito para ser útil, tornou-se um bom trabalhador do posto de socorro, continuou estudando, lia muito, e seu lazer era participar das tarefas recreativas do posto. Pelo estudo, fora ao Umbral, a outros postos de socorro, a colônias. Mas agora em todos os seus dias livres ia fazer uma visita...

Estudava muito sobre obsessão, procurou ler livros que explicavam o assunto. Pensava sempre:

"A palavra obsessão vem do latim 'obsessione', cujo significado é: 'impertinência, perseguição, vexação, ideia fixa, mania'. Obsessão é a ação continuada, persistente, que

um ser exerce sobre o outro. Encarnado pode fazer isso com outro encarnado, porém o que acontece mais é um desencarnado fazer com um encarnado. Normalmente o obsessor quer ter o domínio sobre a outra pessoa e se esforça para que seu alvo faça o que ele quer. Quase sempre a obsessão exprime vingança de um espírito sobre outro."

Genilson concluiu que obsessão sempre é um ato mau, é uma influência nociva usada para atormentar. Dividem a culpa porque ela é recíproca. Porque, se um fez mal e o outro se vinga, ambos erram. Normalmente ambos estão na mesma faixa vibratória.

— *É triste saber que eu fui um obsessor! Muito triste!* — lamentava Genilson.

Recordou-se do que fizera, como agira:

"Atormentei o José Diogo. Atormentei-o muito. Como pude fazer isso? Zé Di não queria me matar. Não era assassino, não tinha índole. Eu, naquela tarde, o ofendi, lhe disse coisas ruins, que o machucaram, ele sofria e sofreu por sua deficiência, eu o fiz lembrar com maldade. Fui imprudente, maldoso, brincadeiras assim não se fazem. Analisando agora, eu não brincava, ofendia mesmo. Pessoas que agem assim normalmente querem diminuir outras pessoas para se sentirem mais elevadas, como se fossem melhores que o outro. Eu agi assim. Abusei e tive a consequência. Lembro que minha mãe falava sempre: 'Genilson, você não deve cutucar o leão com vara curta, uma hora o leão o morde'. Foi o que aconteceu, o leão me mordeu. Ofendi uma pessoa sem pensar que ela poderia revidar. Pior o que eu fiz depois, atormentei José Diogo. Fui um obsessor! Ter sido um obsessor é muito triste! Deprimente! É deprimente dizer: 'Estive por um período como um obsessor!'. Isso me causa sofrimento.

Indago-me: 'Por que fiz isso? Como pude?'. São indagações que me causam dores. É difícil explicar como é estar como obsessor. A definição que encontrei é: deixar de fazer coisas para si para vigiar e tentar infelicitar o outro. Ocupa-se seu tempo para viver a vida alheia. Com certeza se perde um tempo precioso. Deixou-se de fazer algo para si. Também é difícil descrever a dor de ter sido um obsessor. Encarnados dizem: 'dor da alma'. Sim, o espírito sente dor. É diferente? Talvez. Remorso é dor da alma no encarnado, e, no desencarnado, é dor do espírito. Às vezes fico inconformado por ter estado como obsessor. E deduzi que o José Diogo me aceitou por estar arrependido, não queria ter me tirado da vida física, matado meu corpo carnal. Ele foi impulsivo. Eu me aproveitei disso e o atormentei. Normalmente é isso o que acontece. Quando um desencarnado quer atormentar alguém, ele observa, analisa bem seu alvo, para ver as tendências que tem; sabendo, conhecendo, fica mais fácil atacar os pontos fracos. José Diogo sentia por ter feito aquele ato, algo que nunca pensara em fazer. Peguei pesado, como se costuma falar. Eu sentia prazer em vê-lo atormentado. Se eu não estava bem, quem provocou a minha infelicidade e me fez ficar sofrendo, pensava, tinha de ficar mal também".

De fato, a obsessão acontece quando o alvo aceita, permite, normalmente ambos se afinam.

Três anos se passaram desde que houvera aquela enchente, o ocorrido na casinha à beira do caminho, que Genilson fora socorrido e que estava aprendendo a ser uma pessoa melhor. Ele se distraía com o trabalho. Fez um objetivo de trabalhar para aprender a amar o trabalho e conseguira. Concluiu que o trabalho é uma ótima terapia, que equilibra, e, para ele, uma maneira de não pensar tanto nos seus atos errôneos.

Genilson marcou uma entrevista com o responsável pelo posto. Naquela época, a responsável era Esmeralda, uma senhora bondosa, inteligente e muito instruída. Atendia a todos e era muito consultada. Se era urgente, era atendido logo; se não, era marcado horário.

— *Parece* — comentou Genilson — *que todos querem escutá-la. Isso porque ela é sábia, seus conselhos são setas no caminho, orientações seguras.*

No horário marcado, Genilson foi consultá-la. Entrou no seu gabinete, uma sala que ficava no prédio da administração. Nesse prédio também estavam os quartos dos trabalhadores, o salão para palestras e a biblioteca.

Genilson foi recebido com um caloroso abraço.

— *O que o traz aqui, amigo?* — indagou Esmeralda.

Genilson chorou. Esmeralda o olhou com carinho. Ela estava acostumada com essa demonstração de afeto. Muitos, principalmente os necessitados, ao olhá-la, se emocionavam. Era porque Esmeralda tinha uma energia salutar, de amor, irradiava carinho.

— *Desculpe-me, senhora* — pediu Genilson. — *Emocionei-me. Sim, vim procurá-la porque me sinto atormentado porque atormentei.*

— *Explique, por favor, Genilson* — pediu Esmeralda.

— *Desencarnei, vaguei e obsediei a pessoa que matou meu corpo físico. Agi muito errado. Eu o provoquei e ele me matou num impulso. Perdoei, pedi perdão pelos meus erros e fui socorrido. Sou agradecido, aprendi a trabalhar e agora gosto de estar ocupado. Tive a graça de pedir perdão aos meus pais através de um trabalho maravilhoso de mediunidade, de médiuns que fazem o bem. Mas há o obsediado. Queria ajudá-lo...*

Genilson enxugou as lágrimas e continuou:

— Queria muito... pedir perdão e falar que eu o perdoei. Porque quando queremos perdão e somos perdoados é uma graça que nos dá paz.

— Você quer encontrá-lo. Sabe onde ele está? — perguntou Esmeralda.

— Não sei, senhora. Porém, se penso nele, sinto que sofre.

— Escreva nessa ficha — pediu Esmeralda — todos os dados que sabe dele; pedirei na colônia, ao departamento de informações, para localizá-lo, então conversaremos novamente e elaboraremos um plano para auxiliá-lo, isto se ele estiver necessitado. Se ele estiver bem, poderá encontrá-lo, conversar e se entenderem.

— Agradeço-a muito — Genilson, esperançoso, se despediu.

Pegou a ficha e a preencheu. Era o nome, dia do desencarne, onde ele fizera sua passagem de plano, ele foi escrevendo. Quando chegou em de que desencarnou, não soube responder.

"Todos", pensou Genilson, "temos uma causa para fazer a mudança de plano. Mas eu não vi o que ocorreu, não sei. Na casa, um duvidava do outro. De fato, não sei".

Três dias depois foi chamado para comparecer à sala da orientadora.

— Temos aqui — Esmeralda lhe entregou a ficha — tudo o que se sabe do José Diogo e de onde ele está. Quando ele teve o corpo físico morto, sua mãe desligou seu espírito da matéria morta e o levou para onde ele está. Foi somente isso que a mãe dele pôde fazer. Você pode visitá-lo e tentar ajudá-lo. Porém alerto que será um trabalho que requererá tempo. Muitas visitas. Poderá ir nas suas folgas. Irá sozinho a esse outro posto de socorro; nas primeiras vezes, um socorrista trabalhador desse abrigo o acompanhará; depois, quando se sentir apto, poderá ir sozinho.

— *Ele sofre!* — lamentou Genilson.

— *O importante, Genilson, é fazer no presente. Não se muda o passado. O presente é que é importante. Se quer reparar seu erro, faça e com amor.*

— *Agradeço, senhora! Irei fazer! Estou tendo a oportunidade e irei aproveitá-la.*

— *Conseguirá!*

Genilson se organizou para a tarefa que planejara fazer. Leu muito sobre o assunto, fez muitas perguntas a professores, a palestrantes que os visitavam e até para Esmeralda. Não tendo mais dúvidas, se sentiu apto para essa tarefa.

"Lembro-me", recordou-se Genilson, "da primeira vez que fui visitá-lo. Volitei até o posto de socorro, era esperado. O portão se abriu. Esse posto de socorro é pequeno, limpo, mas não é bonito. Por mais que tudo fizesse para alegrar o lugar, a tristeza se faz presente. Nas três primeiras vezes, um socorrista me acompanhou. Depois passei a ir sozinho".

— *Faz um ano e seis meses que o visito!* — falou, fazendo as contas. — *Tem havido progresso. Estou esperançoso de que amanhã eu consiga! Se Deus quiser eu consigo!*

Genilson ficou sabendo, pelas notícias da crosta, que chovera muito na região em que morava encarnado; houve tempestade, o rio enchera, as balsas pararam, o riozinho estava com a correnteza forte e a passarela estava embaixo d'água.

"Como da outra vez", lembrou Genilson, "porém agora não tem mais a casinha à beira do caminho, ela não servirá mais de abrigo. Ainda bem que o telhado da casa de meus pais foi consertado. Aquela enchente! Mudou a vida de várias pessoas, mudou a minha".

No outro dia cedo saiu de seu posto e foi para o outro. Lá, João Aurélio o atendeu como sempre.

— Então, Genilson, veio para mais uma visita?

— Sim, e desta vez estou esperançoso!

— Isso! Pense assim! Positivo! Você consegue! — incentivou João Aurélio. — O que quer?

— O de sempre. Como está o vale? — Genilson quis saber.

— Muito povoado! Infelizmente temos tido muito trabalho.

— Na sua opinião, como trabalhador deste posto, o que está faltando para que os encarnados não cometam mais esse desatino?

— Amor, amor, amor! — exclamou João Aurélio. — Se o amor estivesse presente, isso não ocorreria. O primeiro amor é a si mesmo, quem se ama não comete esse ato. Amar a si mesmo é ter paciência nos momentos difíceis e esperar que passem. Porque tudo passa. O segundo é amar os outros, não com paixão, mas com o amor que Jesus nos ensinou: "Faça ao outro o que quer que lhe façam". O terceiro amor é a Deus. Quando amamos o Criador, irradiamos esse amor e nossos problemas são solucionáveis ou aceitos.

Genilson concordou com ele. Vestiu uma roupa bege-claro que a maioria dos socorristas usa para andar pelo vale, pegou uma cesta onde tinha pães, água e se dirigiu ao portão, que se abriu e ele saiu. Para andar pelo vale tem que se esforçar para ficar bem. Ao redor do posto, o clima era ameno. Os vales, infelizmente são muitos pela Terra, são localizados numa parte dos Umbrais. Diferem pouco uns dos outros, mas normalmente são parecidos, são desprovidos de beleza e tristes. Era, para Genilson e muitos que o visitam, o Vale dos Suicidas, um local de tristezas, onde os socorristas e visitantes se esforçam para não se angustiarem.

Infelizmente os Vales dos Suicidas existem porque tem quem os habite. Oremos para que esses lugares diminuam e até acabem. Mas, para que isso ocorra, nenhum encarnado poderia atentar contra a própria vida. Gostaria de lembrar que esses vales são realmente deprimentes, mas são locais em que desencarnados passam um tempo. Repito: passam um tempo. E esse tempo depende deles próprios. Nem todos os que atentaram contra sua vestimenta carnal, ao desencarnarem, vão para lá. Não existe regra geral na Espiritualidade. As leis Divinas são sábias e justas. São muitos os fatores levados em conta numa tragédia, que é o suicídio.

Genilson foi andando rápido, sabia bem aonde ir. Logo avistou um homem sentado numa pedra.

— *Olá, amigo!* — cumprimentou Genilson.

— *Olá! Você veio*! — respondeu o vulto.

— *Trouxe coisas para você* — disse Genilson.

Deu a ele pão, doces e água. José Diogo pegou, agradeceu, tomou a água e passou a comer o pão.

— *Então, José Diogo, pensou no que eu tenho lhe falado?* — perguntou Genilson.

— *Lembrei que, quando eu morri, deixei dinheiro na casa, no armário, pensava em depositar, depois lá deixei para alguém o encontrar. Às vezes sinto uma pessoa orar para mim e agradecer. Esse dinheiro deve ter sido útil para ela.*

— *E sobre o perdão? Pensou nele?* — lembrou Genilson.

— *Será que Deus me perdoa? Fiz coisas ruins. Matei o meu corpo.*

— *Deus perdoa sempre. O importante é você se perdoar. Vamos recordar o que eu tenho lhe dito?*

Genilson havia decorado textos do capítulo vinte e oito, "Coletânea de preces espíritas", contidos na obra *O Evangelho segundo o Espiritismo*, de Allan Kardec, item setenta e um,

"Por um suicida". Genilson falara alguns pedaços para José Diogo. Ele o fez novamente:

— *"A justiça Divina pode abrandar o seu rigor (...) fazendo nascer em teu coração a esperança de um futuro melhor! Esse futuro está nas tuas mãos. Confia na bondade de Deus, que espera sempre por todos os que se arrependem".*

— *Você sabe o que eu fiz?* — perguntou José Diogo.

Genilson sabia, mas entendia que ele necessitava falar.

— *Fale, amigo!* — pediu Genilson.

— *Tive, encarnado, momentos de alegria, mas sofria muito, era pela minha deficiência sexual. Penso agora que isso deve ter sido por abusos que cometi em outras encarnações. Sei agora que já vivi muito, tive outros corpos físicos. Eu não soube lidar com esse problema. Tive uma noiva, a amei, penso que de fato deveria ter rompido com ela quando soube que ela me traía, que estava interessada no meu dinheiro e que planejava me trair após o casamento. Meu irmão e cunhada me roubavam. Penso agora que deveria ter agido diferente, eu deveria vender minha parte aos dois e não a um terceiro. Fui duro com eles. Fui embora de lá, comprei aquele pedacinho de terra, lá não estava feliz nem infeliz. Gostava de trabalhar na terra, cansava o corpo para ter sossego na mente. Mas aconteceu algo que não era para ter acontecido e passei a ficar atormentado. Um dia eu matei o corpo carnal que usava, mas não se mata o espírito... Cortei uma veia. Sabia bem o que estava fazendo.*

José Diogo chorou, Genilson ofereceu-lhe um lenço limpo, ele enxugou seu rosto e falou:

— *Foi isso o que aconteceu.*

— *Amigo, todos nós erramos. Você foi atormentado. Alguém o fazia lembrar do ato errado que cometeu. Não aguentou a pressão.*

— *Como sabe que eu estava atormentado? Já lhe falei sobre isso?* — perguntou José Diogo.

— *Você, amigo, estava sendo obsediado, isto é: um desencarnado o fazia lembrar o que fizera, e você lembrava.*

— *Foi isso mesmo. Eu me suicidei. Deus pode até me perdoar por isso. Mas e o outro crime?*

— *Você também pode pedir perdão a Deus e a quem feriu* — opinou Genilson.

— *Como?*

— *Olhe para mim, José Diogo. Olhe!* — pediu Genilson.

José Diogo o olhou, de repente o reconheceu e quis fugir. Genilson segurou seu braço, o impedindo de sair do lugar.

— *Por favor! Por favor! Vamos continuar conversando. Sim, eu sou Genilson.*

— *Por quê?! Por que está fazendo isso comigo?!* — perguntou José Diogo.

— *Zé Di, estou aqui como prova de que Deus nos perdoa. Você não queria me tirar da vida física nem eu queria que você abandonasse sua vestimenta carnal. Erramos. A morte do corpo nos surpreendeu. Irresponsável, eu o ofendi, talvez eu o tenha magoado mais do que eu, no momento, julgava. Desencarnei, fiquei a vagar e depois me tornei um obsessor, fui atormentá-lo. Mas não queria que ocorresse o que aconteceu. Você se matou. Quando você fez aquilo, percebi que eu errei, pedi perdão, fui perdoado e eu o perdoei. Quero o seu perdão.*

— *Meu perdão? Mas fui eu quem o matou!* — José Diogo se surpreendeu.

— *E eu fui a causa de você se matar. Nesse sentido, ambos somos assassinos.*

Calaram-se por segundos. Genilson resolveu parafrasear uns textos do capítulo já citado, mas agora do item setenta e quatro, "Para os espíritos em arrependimento". Adaptou:

— Senhor, eis aqui dois espíritos que se comprometeram com o mal, mas que reconhecem os seus erros e querem entrar no bom caminho. Dignai-vos, Senhor, e recebe-nos como o filho pródigo e dai-nos o perdão. Se antes nos comprazíamos no mal, era porque não sabíamos como é doce e bom fazer o bem. Neste instante, queremos seguir o bom caminho, e uma nova luz se faz para nós. Que a luz da esperança brilhe nos nossos corações. Deus sempre escuta a prece do pecador arrependido, e nós dois estamos arrependidos.

José Diogo chorou, Genilson também, ele ainda segurava o braço do outro; afrouxou e perguntou:

— Eu o perdoei. Você me perdoa?

— Sim, se você me perdoou, eu o perdoo. Tinha muito medo de você. Agora é meu amigo, o que vinha me visitar e me ajudar.

— Lembre que Deus nos perdoou, perdoa sempre quando nos arrependemos. Sinta-se, José Diogo, perdoado. Venha comigo.

— Para onde? — José Diogo quis saber.

— Para um socorro. Irá para um posto de ajuda que fica aqui neste vale, depois irá para um outro lugar maior, mais bonito, onde aprenderá a viver como desencarnado e a fazer o bem pelo trabalho edificante. Fará um estudo diferenciado, no qual aprenderá a amar a vida. Depois se preparará para retornar ao Plano Físico como encarnado.

— Vou com você e sou grato. Quero o socorro! Quero mudar! Aprender! Amar!

— Então vamos!

Genilson o amparou e foram caminhando rumo ao posto de socorro.

"E", pensou Genilson agradecido, "então o maravilhoso do socorro aconteceu. Graças! Mil graças a Deus! Nosso Criador! Alegria!".

Levamos o livro espírita cada vez mais longe!

Av. Porto Ferreira, 1031 | Parque Iracema
CEP 15809-020 | Catanduva-SP

www.**petit**.com.br
www.**boanova**.net

petit@petit.com.br
boanova@boanova.net

17 3531.4444

17 99257.5523

Siga-nos em nossas redes sociais.

@boanovaed

boanovaeditora

CURTA, COMENTE, COMPARTILHE E SALVE.
utilize #boanovaeditora

Acesse nossa loja

Fale pelo whatsapp